KB267861

백로 白露 의
천로역정

백로(白露)의 천로역정

발행일	2018년 3월 9일		
지은이	한 백 로		
펴낸이	손 형 국		
펴낸곳	(주)북랩		
편집인	선일영	편집	권혁신, 오경진, 최승헌, 최예은
디자인	이현수, 김민하, 한수희, 김윤주, 허지혜	제작	박기성, 황동현, 구성우, 정성배
마케팅	김회란, 박진관, 유한호		
출판등록	2004. 12. 1(제2012-000051호)		
주소	서울시 금천구 가산디지털 1로 168, 우림라이온스밸리 B동 B113, 114호		
홈페이지	www.book.co.kr		
전화번호	(02)2026-5777	팩스	(02)2026-5747
ISBN	979-11-6299-007-0 03230(종이책) 979-11-6299-008-7 05230(전자책)		

잘못된 책은 구입한 곳에서 교환해드립니다.

이 책은 저작권법에 따라 보호받는 저작물이므로 무단 전재와 복제를 금합니다.

백로 白露 의 천로역정

한백로 지음

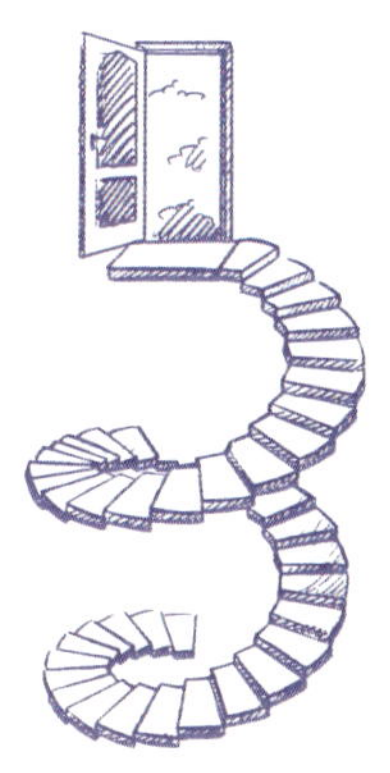

인생의 거친 여정 속에서 하나님을 만난 한 순례자의 고백

PROLOGUE

　　지금 함께하는 이들의 곁을 오랜 시간동안 떨어져 있어 먼 선교지로 떠난다든지 혹 개인적인 종말을 맞이할 수도 있는 세상살이와 내일 일도 모르는 작은 인생 가운데 하나님이 저에게 허락하신 마음과 삶의 감동을 꼭 전해야 할 것에 대한 사명감을 느끼며 이 책을 통해 주 안에 형제, 자매님들을 다시 만나는 그날까지, 주님 다시 오시는 그날까지 복음을 전하는 통로가 되길 소망합니다.

　　그리고 하나님의 은혜를 되새김질하기 위해 내 자신을 향한 글이며 그 누구의 거친 삶이라 해도 이 글이 작은 디딤돌이라도 되길 바라고 어설프게 그을린 믿음이 아니라 지식으로 믿는 믿음이 아니라 기도 응답받고 잘 살아 보겠다는 믿음이 아니라 '목사님이 좋아요.', '교회 오면 마음이 편해져요.', '하나님이 살아계신 것 같아요.' 정도의 믿음이 아니라, 환경과 상황이 어떠하든 상관없이 목숨 걸고 갈 수밖에 없는 자로, 예수님이면 충분한 믿음을 소유한 자로 일어서길 원합니다. 이 책을 통해 하나님으로 인해 기쁨의 이유가 되는, 마지막 왕의 대로를 여는 자들로 일어서는 복음의 통로가 되길 원합니다.

CONTENTS

01

하늘 아버지 만나는
길을 걷다

살아계신 하나님을 만나고 기도하지 않으면 죽는 줄 알고 기도에 전념하기 시작할 때 이런 예화를 들은 적이 있다.

두 명의 청년이 산 기도를 갔는데 한 명은

"주여! 궁시렁궁시렁 중얼중얼…"

그렇게까지 간절히 기도하는 것 같지도 않고 그럭저럭 기도하고 내려오고 또 다른 한 명의 청년은

"아버지! 아버지 아니면 안 돼요! 아버지!"

죽기 살기로 소나무 뿌리를 뽑을 정도로 목이 쉬어가며 기도했다. 그런데 기도 응답은 기도하는 둥 마는 둥 하는 청년이 받았단다. 그 이유는 전자는 부모님이 기도를 많이 심은 모태 신앙이었고 후자는 그 집안에서는 처음으로 예수님을 믿는 청년이었기 때문이란다. 이 이야기를 듣고 얼마나 울면서 기도했는지 모른다. 왜냐하면 내가 후자의 경우이기 때문이었다. 그때부터 더 강력한 기도를 해야겠다고 마음먹고 산 기도를 다녔다. 그다지 건강한 예화는 아니었지만 지금 생각해보면 그 예화는 나를 기도의 자리로 갈 수 있도록 이끌어준 좋은 동기가 되었다. 하지만 시간이 지날수록 나는 율법적인 기도를 하고 있었다. 때로는 샤머니즘에 빠져서 기도하고 있었다. 내가 뭔가 열심히 해야 하고

내가 기도하면 되고 내가 기도하지 않으면 안 된다는 생각
에 사로잡혀있었다. 나로서는 할 수 없기에 하나님의 뜻을
구하는 기도가 아닌 내가 주체가 되어 내가 기도했기 때문
에 무언가를 이루었다는 생각이 마음 깊숙한 곳, 나도 나
를 찾기 힘든 곳에 숨어있었다.

그러나 20년이 다 되어서야 알게 된 것은 하나님과의 관
계는 기도 응답으로 결정되는 것이 아니다는 것이었다. 기
도하는 대로 다 응답된다면 우리에겐 믿음이 필요가 없을
것이다. 믿음으로 구원을 이루어가기 때문이다. 어린 아이
일수록 부모님이 내가 원하는 것을 해줘야 부모님이 날 사
랑하고 있다고 생각한다. 성숙한 자녀는 기도 응답에 연연
하지 않는다.

하나님은 하나님의 마음을 알기 원하신다. 어찌 그 크신
하나님의 마음을 다 알겠는가마는 우리 삶 가운데 형통을
주든, 불통을 주든 하나님이 안심할 수 있는 자녀이면 어떨
까? 욥을 그렇게 믿으시고 사단 앞에서까지 내 자식의 믿
음을 자랑하고 싶어 하셨던 아버지의 마음을 알아드리는
자녀가 되었으면 좋겠다.

나의 삶을 통해 말씀하시는 하나님을 보았다. 그것은 예

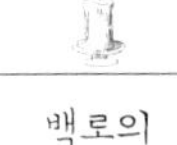

수님을 믿지 않는 사람들뿐만 아니라 자신이 기독교인이라고 말하고 있는 수많은 사람이 얼마나 하나님의 뜻과 상관없이 과녁에서 벗어난 삶을 살아가고 있는지 알게 하셨고, 얼마나 가슴이 터져 찢어질 듯이 아파하시는지 나의 마음으로 알게 하셨다. 내가 느끼는 건 하나님의 마음 중에 아주 작은 일부분이지만 내 안에서는 아주 큰 자리를 차지하게 하셨다. 나의 작은 삶을 통해 말씀하시는 하나님 아버지의 마음을 난 이 글을 통해 내주하시는 성령님과 함께 열어놓을 것이다. 그리고 마지막 사명자로 달려갈 주자들이 주저하지 않고 일어나길 원한다. 그리고 예수님께서 다시 오시는 날 거룩한 신부 된 군사로 준비되길 원한다.

메시지를 가진 이름의 뜻을 짚고 넘어가야겠다. 창세기에 에녹이 므두셀라를 낳을 때 엄청난 회심을 하고 하나님과 동행하는 삶을 살아가다가 죽음을 맛보지 않고 하나님이 데려가신다.

므두셀라를 낳은 후 삼백 년을 하나님과 동행하며 자녀들을 낳았으며 그는 삼백육십오 세를 살았더라 에녹이 하나님과 동행하더니 하나님이 그를 데려가시므로 세상에 있지 아니하였더라

창 5:22-24

므두셀라는 성경 인물 중 가장 오래 969세까지 살았던 사람이다. 그 이름의 뜻은 창을 던지는 사람이라는 뜻인데 고대의 전쟁을 보면 창을 던지는 사람이 가장 앞장을 선다. 그래서 앞장선 사람이 먼저 죽으면 그 전쟁은 끝이 난다. '무트'라는 히브리어는 '죽는다'는 심판의 의미가 있고 '셀라'는 '보낸다'라는 뜻을 가지고 있다. 그래서 '므두셀라'에는 '그가 죽으면 심판이 온다.' '그가 죽으면 심판을 보낸다.'라는 의미가 있다. 그래서 에녹은 므두셀라를 낳으면서 이름을 받고 죄악 된 세상을 심판하시리라는 하나님의 메시지를 알게 되었다. 그때부터 그의 삶은 하나님과 동행하는 삶으로 바뀐다. 그리고 죽음을 맛보지 않고 하나님이 데려갔다. 그리고 므두셀라의 아들 라멕이 낳은 노아가 600세 되던 해 둘째 달 십칠 일에 홍수가 시작되었다. 곧 심판이 시작된 것이다.

> 노아가 육백 세 되던 해 둘째 달 곧 그 달 열이렛날이라
> 그 날에 큰 깊음의 샘들이 터지며 하늘의 창문들이 열려
> 사십 주야를 비가 땅에 쏟아졌더라
> 창 7:11, 12

므두셀라가 죽자마자 홍수가 시작되었다. 그 나이 969세

인류역사상 최고로 장수한 므두셀라이다. 이것을 통해 또한 하나님은 죄악 중에 궁휼을 잊지 않으시고 참고 참으시고 기다리시는 하나님의 마음을 볼 수 있다.

> 주의 약속은 어떤 이들이 더디다고 생각하는 것 같이 더딘 것이 아니라 오직 주께서는 너희를 대하여 오래 참으사 아무도 멸망하지 아니하고 다 회개하기에 이르기를 원하시느니라
>
> 벧후 3:9

옛 선조들이 음력 안에 있는 양력의 태양 운행주기에 따라 농사를 짓기 위해 만들어 놓은 24절기 중에 백로(白露)날이 있다. 백로라는 의미는 이러하다. '깨끗한 이슬'이라는 뜻으로 '볏논의 나락은 늦어도 백로가 되기 전에 여물어야 한다. 벼는 늦어도 백로 전에 패어야 한다. 백로가 지나서 여문 나락은 결실하기 어렵다. 백로 전에 패는 벼는 잘 익고 그 후에 패는 것은 쭉정이가 된다.'고 한다. 선조들로부터 내려오는 말에 '백로전미발(白露前未發)'이라는 말이 있다. '이때까지 패지 못한 벼는 더 이상 크지 못한다.'라는 뜻이라 전해지고 있다.

24절기 중 한로(寒露)는 차가운 이슬이 내리는 날을 뜻하

지만, 백로(白露)는 깨끗한 이슬이 내리는 시기이다. 음력으로 8월 15일 한 달 늦는 유대 절기로 초막절 전, 우리나라 명절로는 추석 전이다.

예수님 다시 오시는 날에 준비된 알곡을 걷기 위해서는 식물과 땅에 양분이 되는 이슬이 필요하다. 그 깨끗한 이슬은 하늘에서 만들어 낸다. 자신이 열매 맺기 위한 것이 아니다. 열매를 맺을 수 있도록 마지막 수확을 거둬들일 수 있도록 자신을 기꺼이 내놓는 것이다.

세례요한처럼 주님 오실 길을 예비하는 '광야의 외치는 자의 소리'가 되고 싶다. 그리고 이것이 우리의 사명이라 생각한다.

마지막이 될수록 세상은 더 어두워지게 되어있다. 하지만 그럴수록 더욱 여호와의 빛이 임하는 나라와 그 사람은 더욱 광명한 빛을 강렬하게 발할 것이다. 땅끝까지 복음이 전파될 때까지 주님 다시 오시는 그 날까지 살아내야 하고 오직 주님만 높임을 받으시도록 살아가게 되어있다.

고난 가운데 부르짖는 예레미야의 기도처럼 마음이 불붙는 것 같아서, 아니 가슴속에 말로 표현할 수 없는 뜨거움이 타올라 이렇게라도 선포하지 않으면 견딜 수 없는 마음을 주셨으니 어찌하란 말인가?

내가 다시는 여호와를 선포하지 아니하며 그의 이름으로
말하지 아니하리라 하면 나의 마음이 불붙는 것 같아서 골
수에 사무치니 답답하여 견딜 수 없나이다
렘 20:9

02

땅의

아버지를

만나다

"막내야! 술집에서 노름하는 아빠 모시고 와라!"

"꼭 나만 시켜! 나도 가기 싫은데…."

어릴 때부터 가장 많이 듣던 말이다. 난 교회는 다녔지만 말 그대로 다니기만 했고 선보다 악을 더 좋아했다. 해병대 출신임을 자랑스럽게 여기는 아빠는 노름과 술을 즐기시다가도 부활절이나 성탄절이 되면 가족을 이끌고 교회를 나갔고 성탄절이 다가오면 시골 산속 어디서인가 나의 키보다도 물씬 큰 나무 한 그루를 뿌리째 뽑아와 집 앞에 심어두고 트리를 만들기도 했다.

재능이 많고 머리가 비상했던 아빠는 고등학교 시절 선생님한테 구타를 당해 정신을 잃은 적이 있다고 들었다. 그때로부터 큰 상처를 받아 의욕을 잃고 살다가 엄마를 만나면서 굿도 하고 미신을 많이 섬겼다. 엄마는 명절이나 대보름이 되면 마을 사람들을 대표해서 목욕재계하고 파란 치마와 빨간색 한복 저고리를 하고서 촛불을 켜고 당산 나무 앞에 빌고 빌었다.

"당산나무 할머니께 비나이다. 우리 동네 농사 잘되게 하시고, 하는 일 잘되게 하시고, 더불어 우리 식구 건강과 안전 지켜주시고…. 비나이다. 비나이다."

가끔 잠자리에 들었다가도 술 취한 아빠가 칼을 들고 집에 들어오면 곧장 도망쳐 나와서 다른 집 담벼락에 숨어 있다가 다른 집에서 잠을 청하곤 했다. 그리고 다음 날 학교에 가기도 했다.

그러나 나에겐 이런 어린 시절이 상처나 힘듦이 아닌 아빠와 함께한 행복한 시절로 기억되고 있다. 하나님의 은혜라고밖에는 설명할 수 없다.

나도 성인이 되어 믿음 생활을 하고 있을 때에 시골에 계신 아빠 생신이 가까이 다가온 어느 날이었다. 무척이나 시골에 내려가서 뵙고 싶었지만, 갈 수 있는 상황이 아니어서 손편지를 써야겠다는 마음이 들었다.

아빠! 생신 축하해요! 아빠 생일을 맞아서 아빠 딸이 최고의 선물을 드릴게요. 그게 뭐냐면 '천국' 이라는 선물이에요. 우리는 다 하나님 아버지와 행복하게 살았는데 우리가 죄를 지어서 하나님과 떨어졌어요. 근데 하나님 아들 예수님이 사람으로 이 땅에 내려와서 우리의 죗값 대신 십자가에서 죽으셨어요. 그리고 우리를 하나님과 화해시키시고 우리를 살리기 위해 다시 살아나셨어요. 아빠, 이런 예수님 믿으면 아빠에게 천국 선물을 주신데요, 아빠! 믿지요? 아멘! 아빠! 천국 선물 받아요.
그리고 우리 천국에서 만나요!
– 하나님의 사랑을 전하고픈 막내딸 백로가

이 편지를 읽으면서 예수님을 영접하길 바라는 심정으로
내용을 쓰고 겨울 장갑 선물과 함께 소포로 보냈다.
그리고 일주일 후 시골집에서 연락이 왔다.
"백로야! 아빠가 돌아가셨다."
"어디를 돌아가셨다는 거야? 어디 가셨어?"
시골 농약을 먹고 자살을 시도하셨다는 것이었다.
"내가 보낸 편지는? 편지는 읽으셨어?"
"병원으로 바로 옮겨져서 병실에 있다가 그때 마침 너한
테 온 편지 다 읽어보고, 장갑도 끼어보고, 하나님한테 용
서해 달라고 하시고 가셨단다."
무엇이 그를 그토록 힘들게 했을까? 누구나 왔다 가는
인생이지만 그렇게까지 그렇게만 해야 했을까? 정말 사단
의 장난질이었을까? 피조물인 사람이 스스로의 생명을 끊
는 것은 누구나 알고 있는 큰 죄악인 것을…. 나의 손편지
가 마지막 인사가 되어버렸다.

03

온유한

길을 찾아

떠나다

일찍 돈을 벌어 혼자 자립하고 싶어 20살 전에 집을 나왔다.

10대에서 20대를 앞두고 있던 해에 추석을 맞아 고향으로 내려가는 기차를 탔다. 근데 20대가 되는 것도, 한 살을 더 먹는 것도 너무도 싫었다. '내 나이에 해야 할 일을 하지 못하고 나이만 먹고 늙어버리면 어떡하지?' 하는 근심 속에 좌석을 찾아 기차에 올랐다. 내 옆자리에는 삼십 대 중반 정도로 보이는 여성이 앉았다. 그녀는 작가이면서 화가 같은 이미지였다. 내가 기차 창밖을 바라보고 있을 때 그녀는 나를 유심히 바라보는듯했다.

이렇고 저렇고 이야기하던 중에 옆 기차 통로에 입석으로 서서 40대 중반의 아저씨들이 얘기하는 소리가 들렸다.

"벌써 이렇게 늙었냐? 우리 나이 많이 먹었다."

"나는 아니야 난 죽을 때까지 39살이야."

하며 대화하는 내용이었다. 이 소리를 들은 내 옆자리의 그녀는 작은 목소리로 중얼거렸다.

"나는 죽을 때까지 20살이네."

그리고 '후~' 하고 한숨을 내쉬며

"20살만 되면 얼마나 좋을까?"

하면서 내가 부럽다고 했다. 그래서 난 그녀에게 20살 때 뭘 했느냐고 물었다. 그녀는 말했다. 뭘 했는지 모르겠는데 그냥 아무런 의미 없이 지나가 버렸다고 말이다. 그때 70대 정도로 보이는 어르신이 그 광경을 보며 한 말씀을 하셨다.

"그 나이들이면 뭔들 못하겠어! 더 늙어봐라. 그때가 제일 좋다."

그렇다. 옛 어르신들 말대로 늦었다 할 때가 빠른 것이다.

어느덧 나도 그 젊은 날들이 지나고 인생의 중반으로 접어들었다.

모세는 뭐든 할 수 있을 것 같았던 애굽에서의 젊은 날이 아닌, 안전하다 생각된 광야에서도 아닌, 아마도 사람들보다 양 떼들과 더 많이 지내며 그래서 말이 어둔해지도록 아무것도 할 수 없다고 생각되었던 80세에, 하나님은 그를 통해 일하셨다. 그리고 그때까지 헛된 시간을 보낸 것이 아니라 하나님의 사람으로 만들어가고 계셨던 것이다.

하나님의 말씀에 길든 온유한 자(meekness, 헬라어로는 프라오테스, 뜻은 하나님 말씀에 길들여있는 자)로 만드신 것이다. 야생마가 훈련되어 준마가 된 것처럼 이를 통해 모세는 온유한 자가 되었다.

백로의
천로역정

이 사람 모세는 온유함이 지면의 모든 사람보다 더하더라

민 12:3

민 12:3

04

젊음을 즐기며 가는 길을 걷다

젊은 시간이 지나가는 것이 아까웠다. 그래서 밤늦게까지 술에 취해 춤추고 놀면서 1차, 2차, 3차, 미성년자로서 출입할 수 없는 곳들을 들락거리며 지내는 것이 유일한 낙이 되어 버렸다.

'젊기 때문에 마음껏 놀 수 있구나'

하는 즐거움에 잠도 잊은 채 매일 밤 새벽까지 술을 마셔 댔다.

그런데 이상한 것은 나의 술주정이었다. 술만 취하면 이런 말을 했다.

'하나님이 날 불러! 하나님이 날 불러!'

하면서 울기 시작했고 비틀거리며 알지도 못하는 교회를 찾아갔다. 그럴 때면 딱 새벽 기도하는 시간이었다. 교회 뒷자리에 앉아 콧물, 눈물을 흘리다가 엎어져 코 골며 잠자곤 했다. 어린 것이 술 냄새를 펄펄 풍기며 얼마나 가관이었겠는가?

그러나 감사하게도 그때 그 누구도 날 교회서 내쫓지 않았다. 그 교회 이름이 뭔지 무슨 동에 있는지 기억나진 않지만 아마도 그때 누군가 하나님의 마음보다 교회 사역의 마음이 투철하여

“거룩한 성전에서 술주정이야?”

“술 먹지 말고 제정신으로 교회 오라고!”

하면서 날 교회 밖으로 내쫓았다면…. 그리고 속으로 생각하기를,

‘술 귀신한테 단단히 사로잡혀 있구만….’

하고 혀를 내둘렀다면 아마도 난 지금쯤 교회와 멀어졌을지도 모른다. 그때의 내 멀쩡한 정신으로는 하나님 앞으로 나갈 수도 없었으나 내 정신이 혼미해지는 술을 통해 주님의 정신을 넣어주신 것을 경험했다. 그렇다고 해서 술을 마시라는 것이 결코 아니다.

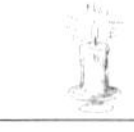

포도주는 붉고 잔에서 번쩍이며 순하게 내려가나니 너는 그것을 보지도 말지어다 그것이 마침내 뱀 같이 물 것이요 독사 같이 쏠 것이며 또 네 눈에는 괴이한 것이 보일 것이요 네 마음은 구부러진 말을 할 것이며 너는 바다 가운데에 누운 자 같을 것이요 돛대 위에 누운 자 같을 것이며 네가 스스로 말하기를 사람이 나를 때려도 나는 아프지 아니하고 나를 상하게 하여도 내게 감각이 없도다 내가 언제나 깰까 다시 술을 찾겠다 하리라

잠 23:31-35

05

마음껏 즐기다

큰코다치다

나는 젊음이 무척이나 좋았다. 어른들이 하시는 말씀이 '그때가 좋은 때다. 나이 먹어봐라. 후회한다.'라고 했다. 나는 그래서인지 중2 때 더 이상 나이를 먹고 싶지 않아서 펑펑 울었던 적이 있다. 그 젊은 날이 좋으면서 아까웠다.

그래서 마음껏 즐기고 놀아야겠다고 다짐했다. 그것이 가장 현명하고 지혜로운 선택이라 생각했다. 교회를 다니기는 했지만, 하나님을 모르기에 잘못된 결심을 한 것이다. 그래서 일찍 술, 담배를 배웠다. 그때부터 나의 육신은 망가졌을 것이다.

사람 신체 장기 중에서 가장 늦게 성장하는 것이 폐라고 한다. 그래서 흡연이 폐에 나쁘다는 것은 다 알고 있다. 특히 폐가 미성숙한 청소년 흡연이 가장 나쁜 이유이다. 난 흡연을 장기간 할 때마다 폐가 있는 가슴팍 앞뒤 피부에 수포가 생기기 시작했다. 그리고 그 피부 껍질의 감각이 둔해졌다. 그때는 '젊은데 금방 괜찮아지겠지' 하며 잘 몰랐는데 주님을 만나고 나서 그때 수포가 생겼던 가슴과 등이 너무 아파서 병원에 갔는데 폐농양이라는 진단을 받게 되었고 수술까지 하게 되었다.

아픈 폐를 치료하기 위해 수술대 위에 올라갔다. 하나,

백로의
천로역정

둘, 셋을 세기도 전에 전신마취가 됐다. 나는 수술을 하는데 이상하게도 기대가 됐다. 수술 중에 천국도 보고 지옥도 보고 유체이탈도 하지 않을까 하는 엉뚱한 기대감이었다.

그때 난 전신 마취가 되어있었다. 근데 분명 수술 도중인데 어떤 남자의 목소리가 들려왔다. 나는 눈도 감겨있었고 몸은 마취되어 움직여지지 않았다. 그런데 소리가 들렸다. '드디어 마취 중에 사차원의 세계에 들어간 것인가?' 그 소리의 내용은 이것이었다.

"자! 메스(mess)로 20cm 절개해!"

'뭐야? 하나님의 소리인가? 천사의 소리인가?'

이건 하나님 소리도 아니고 천국도 지옥도 아니었다. 마취가 덜 된 것이었다. 그 날카로운 칼이 내 가슴에 닿았다. 큰 위기라고 생각된 나는 혹시나 나의 몸이 움직이는 곳이 있나 하여 찾았다. 그때 오른쪽 중지 손가락을 움직일 수 있었다. 나는 엄청난 의지와 힘을 다해 마취가 덜 됐음을 알리기 위해 그 손가락 하나로 최대의 속도로 많이 움직이며 까딱거렸다.

'제발 이 손가락 좀 봐줘 나 아직 마취가 덜 됐어!'

알리는 신호였다. 짧고도 긴 시간이었다. 다행히도 가슴을 찢기 전에 의사가 알아봤다.

"뭐야? 이 환자 마취가 덜 됐잖아? 마취약 더 주입해!"

다행히 마취가 됐다. 그리고 수술 중 얼마나 시간이 지났을까? 드디어 무슨 소리가 들렸다.

"이것 좀 봐! 이렇게 생겼으니까 그렇지 이런 건 보호자가 봐야 해! 밖에 키 큰 남자 한 명 있을 텐데 남편이래. 들어와서 보라 그래!"

이번에는 가슴을 절개하고 갈비뼈들을 완전히 절단하고 의식이 돌아와 목소리가 다 들렸다. 개구리 해부하듯 양쪽을 벌려놓고 한쪽에는 심장이 '콩닥콩닥' 뛰고 있었다고 남편이 증언했다. 폐 한쪽의 염증을 긁어내고 생긴 구멍에 장갑을 낀 손으로 넣었다 뺐다 하며 남편에게 설명했다. 그리고 의사 왈,

"이 환자 왜 이렇게 깨는 거야? 수술하기 싫은 거야?"
라고 말했다. 그리고 다시 마취됐는데 그런데도 또다시 이제는 절개한 흉부를 다 꿰매기도 전에 눈까지 떠지면서 깨어났다. 수술했던 의사들은 없고 초년병 의사 한 명만 나의 가슴 가죽을 꿰매고 있었다. 초년병은 당황하며 떨리는 목소리로 말했다.

"거… 거… 거의 다 됐으니까 조금만 참으세요. 마취하면
바늘 꿰매는 거나 똑같이 아프니까 그냥 조금만 참으세요."

초년병은 입을 통해 호스를 넣어 기관지 깊숙한 곳까지
넣어 이물질을 빼면서 또다시 말했다.

"조금만요! 조금만 참아주세요!"

하나님은 엉뚱한 나의 기대감을 뒤엎으시며 수술을 하
셨다.

> 이는 내 생각이 너희의 생각과 다르며 내 길은 너희의 길
> 과 다름이니라 여호와의 말씀이니라 이는 하늘이 땅보다
> 높음 같이 내 길은 너희의 길보다 높으며 내 생각은 너희의
> 생각보다 높음이니라
>
> 사 55:8-9

그리고 수술 중에 손가락 하나라도 움직이지 않았더라면
엄청난 통증으로 아마 죽었을지도 모른다. 공동체 가운데
손가락 같은 작은 지체 하나가 얼마나 소중한지 알게 됐다.
작을수록 생명을 살리는 요긴한 존재이다. 하지만 난 이
수술 사건을 통해 정말로 깨달은 것을 13년이 지나고서야
알게 되었다.

이스라엘 팔레스타인 아웃 리치 중에 이동할 차를 기다

리고 있을 때였다. 현지인이 장작불을 지피며 잔치를 준비한다며 닭을 굽기 위해 열심을 내고 있는 모습을 보게 되었다. 그 모습은 마치 제단 위에 번제 드릴 양을 기다리는 불길 같았다. 돌로 쌓아 올린 네모난 아궁이 사이에 닭들을 한 마리씩 넣었다. 연기는 하늘로 치솟아 올라가고 있었다. 그 광경 속에서 이삭을 제단 위에 올려 각을 뜨려 하는 아브라함의 모습이 연상되었다.

그 모습을 보던 한 선교사님이 말을 꺼냈다. 제사를 드리기 위해 짐승의 각을 뜨는 제사장 이야기를 해주었다. 제사장은 인간이 생각하는 거룩함이 아니라고, 피범벅이 되어서 얼굴에도 짐승의 피가 튀어있었을 것이라는 말이었다. 사람이 생각하는 거룩함을 뒤엎는 끈적끈적한 피비린내로 뒤덮여있는 제사장이었을 것이다. 대 제사장이신 예수님이 그러셨다. 그리고는 우리를 왕 같은 제사장으로 삼으셨다.

> 그러나 너희는 택하신 족속이요 왕 같은 제사장들이요
> 거룩한 나라요 그의 소유가 된 백성이니 이는 너희를 어
> 두운 데서 불러 내어 그의 기이한 빛에 들어가게 하신 이
> 의 아름다운 덕을 선포하게 하려 하심이라
>
> 벧 2:9

번제 단 위에 어린양을 잡아 각을 뜬 그 죽음은 나와 상관없는 죽음이 아니라 그 만신창이인 피비린내 나는 잔혹한 죽음이 실제로 나의 죽음이었음을 알게 하셨다. 주님이 나를 제단 위에 놓고 각을 뜨셨다.

제단을 보는 순간 나의 가슴을 가르고 단단한 갈비뼈를 또깍또깍 동강 내면서 수술했을 때가 떠오르면서 이미 하나님 앞에 제물로 드려야 하고 드린 자라는 사실이 내 가슴 속으로 느껴졌다. 가슴을 열어놓은 상태에서 마취가 덜 되어 죽지 않으려고 발버둥 치는 나의 자아를 각 뜨셨음을 알게 하셨다. 얼마나 자아가 지독한 악종인지 죽여도 깨고 다시 깨고 죽지 않으려는 지독한 것이 자아라는 것을 이를 통해 알게 되었다. 하나님 앞에 나아가는 데 흉악한 마귀는 다른 것이 아닌 내 자아라는 것이다.

사람이란 존재는 선한 것이 없는 거짓의 아비로부터 났기 때문에 존재가 죄 덩어리라는 것을 인정해야 했다. 사람에겐 선한 것이 없다. 그래서 누군가 이런 찬양의 고백을 드렸던가?

'보소서 주님 나의 마음은 선한 것 하나 없습니다. 그러나 내 모든 것 주께 드립니다~'

보이는 죄만 죄인 줄 알고 술, 담배, 남자친구도, 세상 즐거움은 다 끊었으니 죄와 거리가 먼 줄 알았던 것이 엄청난 사단의 꼬임에 빠진 것이었다. 그러한 세상적인 것은 당연히 끊어야 하는 것이고 피 흘리기까지 싸워야 하는 것은 바로 내 자아였다. 자아는 곧 마귀요, 우상숭배이다.

자아의 충만함이 세상살이에서 인정받을지는 모르나 예수 그리스도의 생명이 아닌 사망으로 가는 지름길이었다. 그리고 땅끝까지 복음을 전해야 할 땅끝이 바로 나 자신이라는 것을 알게 된다.

> 하나님 아는 것을 대적하여 높아진 것을 다 무너뜨리고 모든 생각을 사로잡아 그리스도에게 복종하게 하니 너희의 복종이 온전하게 될 때에 모든 복종하지 않는 것을 벌하려고 준비하는 중에 있노라
>
> 고후 10:5, 6

백로의
천로역정

06

새로운
길을

찾아가다

한 언니와의 만남을 통해 갈망하는 나의 영혼은 믿음의 오아시스를 만나게 되었다. 마치 나를 수렁에서 건지기 위해 찾아온 사명자 같았다.

밤마다 철야를 하며 기도하는 것이 마치 본연의 삶인 것처럼, 술 먹고 노는 시간을 기도하는 시간으로 바꿨다. 나도 모르는 사이에 성령의 불이 가득 차오르는 듯했다. 함께 기도하다가 방언을 받고 더 깊고 간절한 기도를 하게 되었다.

기도를 마치고 집에 와서 잠을 청하는데 그때부터 귀신의 형상이 보이면서 나를 괴롭혔다. 열심히 교회 안 다닐 때는 아무렇지도 않았는데 기도하고 성령을 받은 날부터 검은 형체로 된 남자의 형상은 나의 온 육신을 더듬으며 힘들게 했다. 눈을 떠도 보였고 잠은 더더욱 잘 수 없었다.

나는 처음 경험하는 것이었기 때문에 함께 기도하는 언니에게 조언을 얻어 그것이 그동안 어두운 삶을 함께 거닐었던 사단의 정체임을 알 수 있었다. 잠자기 전에 하나님 앞에 무릎 꿇고 두 손 들어 맡기는 기도를 드리기 시작했다.

'그동안 나를 지배하던 사단이 정체를 드러내는구나.'

"하나님! 제 힘으로는 어떻게 할 수 없어요. 도와주세요!!
사단의 세력이 떠나가게 하시고, 가정에 흐르는 저주를 끊

백로의
천로역정

어 주세요. 평안한 잠을 잘 수 있게 해주세요! 십자가에서 승리한 예수 이름으로 명령하노니 그동안 나를 사로잡고 있던 사단의 영들은 떠나갈지어다!"

하며 예수 그리스도의 권세로 내쫓았다. 그날 밤부터 신기하게도 마귀는 떠났고 정말로 평안한 잠을 잘 수 있었다.

> 너희가 일찍이 일어나고 늦게 누우며 수고의 떡을 먹음이
> 헛되도다 그러므로 여호와께서 그 사랑하시는 자에게는
> 잠을 주시는도다
>
> 시 127:2

지금까지

'젊음이 좋다! 좋다! 젊어서 놀아야지 이 젊음은 금방 지나가니 더 놀아야지'

하며 젊음을 노는 데만 허비했으니 이제는 그 열정을 하나님께 쏟으리라 결심하고 봉사와 예배 그리고 기도에 에너지를 쏟았다. 죽기 살기로 놀았으니 이제 죽기 살기로 하나님의 기쁨이 되리라 결심하고 두려움과 떨림으로 청년 시절을 보냈다.

> 청년이여 네 어린 때를 즐거워하며 네 청년의 날을 마음
> 에 기뻐하여 마음의 원하는 길과 네 눈이 보는 대로 좇

아 행하라 그러나 하나님이 이 모든 일로 인하여 너를
심판 하실 줄 알라

전 11:9

누가 뭐라 한들 나의 청년의 때를 '후회하지 않는다.' 라고
고백할 수 있을 만큼 나의 열정을 쏟아냈다.

어느 덧

나의 20대 청년의 시절이

하룻밤을 지나듯

돌이킬 수 없이 사라져 버렸다

좀 더 빨리 깨달았더라면

새벽이슬같이 영롱하고도 청병한

청년의 시기가 이처럼 아름답고

밝은 빛에 빛나는

유리 조각처럼 조심스럽고

한낮에 밝은 태양처럼 강하고

누구나 흠모할 만한 여름날 해변에 멋진 별장 같은

풍성한 안개꽃 속에 파묻힌 빨간 장미꽃 같은

나의 언어로는 표현할 수 없는

인정하고 싶지 않지만

떠나버린 나의 청년이여~

아~

이리도 그리울 수가

백로의
천로역정

돌이킬 수 없는 이 시간들
순순히 보낼 줄 알았다면
초라하지 않게나마
작별인사라도 할 수 있었을 텐데
- 청년을 보내며 쓴 백로의 글 중에서 -

07

십자가 위에
함께
들리다

벧전 4:1, 2

교회로 기도를 하러 가고 싶은데 갈 차비는 있지만 다시 집으로 돌아올 차비가 없었다. 하나님은 살아 계시는데 뭐가 문제인가 싶어 토큰 하나만 들고 버스에 올랐다. 교회 도착해서 많은 사람이 스쳐 지나갔지만, 그 쥐꼬리만한 자존심 때문이었는지 교회 안의 그 누구한테도 빌려달라는 말을 하고 싶지 않았다. 그리고 밤새도록 기도를 했다. 함께 기도하던 다른 사람의 목소리는 아무 데도 들리지 않았다. 난 그냥 할 일이 없었고 무엇보다도 집에 갈 차비가 없어서 기도만 계속했다. 그러다 몇 시간이 지나고 화장실이 가고 싶어 기도의 자리에서 눈을 떠 꿇었던 무릎을 펴는데 짧은 글이 적힌 하얀 봉투가 내 앞에 놓여있었다.

한백로 청년 축복하고 사랑합니다.

그리고 그 안에는 2만 원이 함께 있었다.

매일같이 직장 일을 끝나고 밤에 공부하고 바로 교회 와서 철야 예배를 드리고 또다시 산 기도를 갔다. 그런 생활이 반복되다가 집으로 돌아오면 머리가 바닥에 닿기만 해도 깊은 잠이 들었다.

5층 옥탑방에 살았던 나는 그날도 그렇게 깊은 잠을 자고 출근을 하려는데 건물 아래로 내려갈수록 사람이 웅성거리는 소리와 함께 무슨 냄새가 났다. 아래층으로 더 내려가니 같은 건물에 사는 사람들이 나를 보고 깜짝 놀라며

"어머머 아가씨! 지금 거기 옥탑방에서 잤어요? 어머나 세상에. 어젯밤에 거기 위에 있었어요? 새벽에 아래층에서부터 불이 나서 아가씨 깨우러 갔었는데 아무리 불러도 대답이 없어서 없는 줄 알고 이 건물 사람들 다 나와서 피해 있었는데 아가씨는 괜찮아요?"

하고 물었다. 일 층은 불에 홀라당 타 있었고 위로는 연기 자국이 가득했다.

그러던 어느 날 몸에 열이 나더니 의식이 떨어지고 5분 전 일도 기억이 나지 않았다. 하지만 기도하는 일을 비롯하여 주님의 일에는 게을리하지 않았다. 그리고 직장 생활도 그대로 했다. 메모해 가면서 혹시나 내가 할 일을 잊어버릴

까 봐 그때그때 바로 했다. 꿈꾸고 있는 것처럼 몽롱했다.

일을 계속했던 이유는 혼자 자취를 하며 생계를 유지해야 하고 그 누구 하나 의지할 사람도 없는 데다 또한 내가 아프다는 사실이 믿어지지도 않았기 때문이다. 내 기도가 부족해서 나의 열심이 부족해서 그런가 보다 하고 더 기도하고 하나님이 기뻐하는 일이 뭘까 고민하며 힘쓰고 애썼다. 그때는 그래야 하는 줄만 알았다.

지금에서야 이런 찬양이 가슴 깊이 파묻혀 들려온다.

'힘써도 못하네! 말과 뜻과 행실이 깨끗하고 착해도 다시 나게 못 하니~ 믿으면 하겠네~.'

시골에서 자라 무척이나 건강했고, 어릴 때부터 감기 한 번 걸려 본 적 없으며, 가족, 친지 중 그 누구도 이렇게 심각한 상황은 없었는데 나는 믿어지지가 않았고 믿을 수가 없었다. 그리고 아프다고 하더라도 죽은 자도 살리시는 하나님이 이까짓 병 하나 못 고쳐 주시겠는가 하는 의심할 수 없는 확신이 있었다. 설마 내가 이렇게까지 아플 거라는 것은 상상도 못 했다. 당시 종합병원에서 근무하고 있었음에도 불구하고 병원 치료를 받지 않았다.

두 달 동안 40℃의 고열로 인해 어느 순간 걷지도 못하고 글씨도 쓸 수 없었으며 기억력도 흐릿해져 갔다. 결국 입원하게 되었고 생사를 오가는 상황이 되어 대소변을 다른 사람이 받아 주며 거동할 수 없는 상태로 중환자실로 옮겨졌다. 지금이 꿈인지, 현실인지 분간이 가지 않았다.

그때의 상황은 마치 내가 젖 먹는 어린아이가 되어버린 것 같았다. 따듯한 엄마의 젖가슴이 그리워지고 만지고 싶고 안전하다고 생각되어 그 품에 파고들고 싶었다. 엄마가 옆에 없으면 죽을 것만 같이 불안했다. 심한 고열로 인해 뇌세포가 파괴되어 나는 어린아이가 되어있었다.

하지만 그 죽어가는 상황에서 하나님만은 똑똑히 기억나고 믿어졌다. 하나님이 행하심은 선하시다는 것을 그 누가 설득하려고 하지 않아도 심한 고열로 인해 내 나이가 몇 살인지 기억할 수 없었어도 그것만은 알 수 있었다.

그런데 평소에 기도하면서 느꼈던 성령 하나님의 감격과 감동은 하나도 느낄 수가 없었다. 아무리 찬양을 하고 기도를 하고 주님을 불러도 아무런 음성도 느낌도 작은 실오라기 같은 소리 하나도 없었다. 허공에 혼자 있는 듯했다.

예수님이 십자가 위에서 고통스러워할 때 아무런 대답 하나 없는 아버지의 침묵이 더욱더 힘들고 고통스러웠으리

라. 성부 하나님, 성자 예수님, 성령님, 세 분은 완전한 한
분이신 삼위일체 하나님! 한 번도 떨어져 본 적 없는 분이
아버지와의 단절! 그 고통에
'엘리 엘리 라마 사박다니!'
'나의 하나님, 나의 하나님, 어찌하여 나를 버리셨나이까?'
하고 외치셨던 것이었으리라

예수님의 고통은
육신을 피 흘리게 한 십자가가 아니라 하십니다.
육신의 고통으로 치면
나의 친구 베드로가 더 고통스러웠을 것이라 하십
니다.
예수님의 십자가 고통은
단 한 번도 떨어져 본 적 없는…
온전히 하나였던…
아버지와의 단절이었으며
아무리 소리쳐도
대답 없이 외면하시는…
침묵하시는…
아버지와의 관계라 하십니다.
예수님의 수치와 부끄러움은

육신에 옷 하나 걸치지 않은 벌거벗은 것이 아니라
하십니다.
죄가 없으신 분
죄와 상관이 없는 분
죄인이 되어
십자가 위에서 인류 죄의 무게감에 짓눌림이며
그 모든 죄에 대한 수치와 부끄러움을 직접 느낄
때라 하십니다.
그 순간이 지옥이었다 하십니다.
사망은
육신의 죽음이 사망이 아니라
아버지와의 관계가 끊어질 때라 하십니다
날 살리기 위해
그 사망을 이기시고
승리하셨다 하십니다
그러기에
십자가와 나는 하나이며
내가 죽어야
예수 생명으로 다시 산다 하십니다

백로의
천로역정

08

광신도의
늪에

빠지다

중환자실에서 나와서 일반 병실로 옮겨진 지 며칠이나 되었을까?

그때의 나의 기억은 온전하지 못했다. 지금 있는 이곳이 병원인지? 아닌지? 내가 왜 여기에 있는지? 내 나이가 몇 살이며 날짜는 며칠인지 아무것도 몰랐다. 그래서 더욱 그곳 병실에 있어야 할 이유를 알 수가 없었다. 그때는 이제 막 차고 있던 기저귀를 떼고 아장아장 걸을 수 있는 상태였다.

난 어서 빨리 이곳을 나가 교회를 가야겠다는 생각뿐이었다. 그리고 그날은 마침 주일이었다.

내가 누워있는 침상 옆에 보호자로 늘 지키고 있던 엄마는 보이지 않았다. 병원 침대에서 몸을 일으켜 옆을 보니 옷장이 자그맣게 있었다. 옷장 문을 열어보니 못 본 티셔츠 하나가 있었다. 난 그 셔츠를 내 몸에 걸쳐 입었다. 그리고 보니 옷장 아래에는 동전이 가득한 주머니가 있었다. 그걸 한 손에 잡아들고 병실 문을 지나 엘리베이터를 타고 일 층으로 내려갔다. 그곳에는 택시가 즐비하게 줄지어 서 있었다. 택시 한 대를 잡아탔다. 다른 기억은 없어도 내가 다니던 교회 이름과 장소는 정확하게 기억하고 있었다. 난

백로의
천로역정

택시기사 아저씨에게 말했다.

"아저씨! 신림동에 있는 ○○교회로 가주세요!"

그러자 아무런 말씀도 없이 나를 태우고 병원을 떠나 내가 말한 목적지에 세워주었다. 그러나 그 잠깐의 시간 동안 내가 어느 병원에서 왔으며 어떻게 교회에 도착했는지 기억이 나지 않았다. 교회 앞에 도착하자 챙겨왔던 돈주머니를 택시 기사 아저씨에게 건넸다. 하지만 금액은 터무니없이 부족했다.

택시 창밖을 보니 마침 주일 학생을 기다리는 주일학교 부장님이 교회 앞 도로변에 서 있었다. 난 택시 문을 열어 부장님을 불렀다.

"부장님! 저 택시비 좀 내주세요!"

"아니, 어떻게 왔어?"

택시비를 해결하고 도로에서 인도로 올라오는데 어찌나 높게 느껴지는지 한 번에 오르지 못하고 넘어져버렸다. 오른쪽 무릎엔 피가 흐르고 있었다. 부축을 받아 겨우 교회 안으로 들어갔다. 그리고 가장 뒤쪽 성전 벽에 기대어 앉아 있었다.

어느덧 주일 학생들이 들어오고 곧이어 예배가 시작됐

다. 얼마나 그렇게 앉아 있었을까 다음으로 장년들 예배를 드렸다. 나는 벽에 등을 대고도 제대로 앉아있을 힘이 없었다. 자꾸자꾸 몸이 옆으로 쓰러졌다. 나의 생각과 마음은 똑바로 앉아서 예배를 드리려고 하는데 몸이 옆으로 누워 고꾸라졌다. 악기 연주하던 집사님이 그런 내 모습을 보고서 울고 있었다. 그때는

'왜? 저 집사님이 나를 보고 울고 있지? 저 집사님 이상하다.'

라고 생각했다. 내가 환자라는 사실을 기억하지 못하고 있었다.

어느덧 예배가 끝나자 사람들이 나에게 몰려왔다.

한 사람이 물었다.

"백로야! 어떻게 왔어? 퇴원한 거야? 아니네! 바지는 환자복인 걸 보니 퇴원은 아닌 거 같은데, 어느 병원에서 외출 나왔어? 어느 병원이야?"

다른 사람들도 물었다.

"너희 엄마가 교회 사람들 싫어해서 병문안 오지 말라고 해서 못 갔어! 병원을 옮긴 것 같은데 어느 병원이야?"

"근데 어떻게 여기까지 온 거야?"

난 아무것도 기억이 나지 않았다. 무슨 정신으로 어떻게 교회를 알고 왔는지? 내가 어디서 왔는지? 왜 사람들이 나에게 모여드는지? 알 수가 없었다.

"몰라요! 모르겠어요!"

"백로가 정상이 아니네! 정상이 아니야!"

"이를 어쩌나. 그래도 병원으로 들어가야지!"

나는 그 말을 이해할 수가 없었다.

세 명의 성도가 나를 차에 태워 운전해서 간 곳은 내가 근무하다가 입원한 종합병원이었다. 그러나 거기서는 '한백로'라는 환자가 입원하고 있는 곳이 아니라고 했다. 이리저리 알아본 결과 내가 도망쳐 나온 대학병원을 찾을 수 있었다. 다시 자가용을 타고 이동하는 도중에 차 안에서 쪼그리고 앉은 듯한 느낌에 답답함을 느꼈다.

그래서 다리를 펴서 운전석 앞자리에 다리를 올렸다. 조금 살 것 같았다. 그러나 나와 동행하던 한 분은

"다리 내려! 사람들이 다 쳐다보잖아! 챙피하게! 빨리 다리 내리고 좋게 앉아!"

하며 나무랐다.

그러다 대학병원에 도착했다. 그리고 엘리베이터를 탔다.

그런데 난 나의 두 발로 서있을 힘이 없었다. 그래서 자꾸 주저앉았다.

그러자 또 다른 한 사람이

"일어나! 그렇게 앉으면 안 되지! 어서 좋게 일어나!"
라고 날 자꾸자꾸 일으켜 세웠다. 나는 계속 고꾸라졌다.

그들이 나를 바라보는 마음은 어떠했을까? 예수님이라면 …. 어떻게 하셨을까? 그때까지만 해도 복음을 알지 못하고 있었다. 지금의 나라면 그렇게 병원을 뛰쳐나오는 행동을 하지 않았을 것이다.

이를 통해 마음과 육신이 병든 사람들의 마음을 조금이나마 이해할 수 있게 되었다.

나는 마치 광신도(狂信徒) 같았다.

예수님은 진리이고 복음은 진짜인데 나만의 열심이 나를 광신도로 만들었다.

그리고 이 경험을 통해 복음으로 시작한 사람들이 왜 사이비 종교를 만들게 되고 이단에 빠지는 오류를 범하는지도 알 수 있었다.

09

죄를
눈으로 보며

가다

예수 믿으면 있던 병도 없어지고 치유된다는데 희귀성 난치 질환이라는 진단을 받게 되었으니 어떤 사람들은 나를 향해 저주받은 자라고 말했다. 내가 건강했을 때도, 병이 들었어도, 환경이 어떠하든지 하나님은 살아계시고 선하신 분이라는 것은 변함없는 사실인데 마치 예수님을 저주하고 떠나는 큰 죄인인 양 나를 바라봤다. 그러나 맞다. 난 저주받은 죄인이었다. 살 수 없는 죄인, 죽어야 하는 저주받은 자였다. 그래서 더 살아야만 했다. 그리고 사람들에게 난 저주받은 자가 아니라는 것을 보여주고 싶었다.

육신의 고통보다도 이런 상황이 더 고통스러웠고 더욱 벗어나고 싶어 죽기 살기로 금식하기 위해 금식기도원에 들어갔다. 주치의는 나의 등짝을 내리치며 믿음도 좋지만, 지금은 이러면 안 된다며 말렸다. 급기야 반대를 무릅쓰고 잘 걷지도 못하는 몸으로 병원을 나와 기도원으로 향했다.

'금식하다가 죽으면 죽지, 뭐 난 원래 저주받은 자인데 그래서 더욱 확실한 건 그런 나를 구원하신 예수님을 내가 믿는다는 것인데 죽어도 괜찮아.'

믿음인지 나만의 확신인지도 모르고 갔다.

기도원 원장님은 나의 몰골을 보고 물었다.

“무슨 상담을 원하십니까?”

힘이 없어 게슴츠레한 눈을 겨우 뜨며 대답했다. 누가 봐도 중환자라는 걸 알아볼 수 있었다.

“아니요. 금식하려고 왔어요.”

“이 아픈 몸으로 금식을 한다고요?”

그분은 한숨을 깊게 내쉬며 또다시 물었다.

“그래 한다면 며칠이나 하려고요? 삼일? 아니 삼일이나 할 수 있겠습니까?”

“아니요. 21일 금식하려고요.”

그때 당시 훈련받으며 섬기는 교회에서는 두 시간 이상 기도하거나 21일 금식하는 것은 흔한 일이었다.

“네? 안 됩니다. 그러다가 죽습니다. 이런 몸 상태로 어떻게 금식을 한단 말입니까? 잘 걷지도 못하시는 것 같은데 나중에 건강해지면 하세요. 금식은 절대 안 됩니다.”

그분은 계속해서 설득하며 말렸다.

나는 어눌한 말투로 반복하며 답변했다.

“아니요 금식해야 돼요.”

“금식할 거에요.”

“할 거에요.”

결국 그분은 고집 피우는 나를 향해 말했다.

"굳이 금식하려면 각서를 쓰고 하세요. 이곳 금식기도원에서 금식하다가 사망을 해도 기도원 책임이 아니라는 각서를 쓰고 하세요!"

각서에 지장을 찍고서야 금식을 할 수 있었다.

그 기도원에 온, 각자의 문제가 있어 하나님의 응답을 구하며, 올라와 금식하고 내려가는 많은 사람들은 나의 앞을 그냥 지나쳐가지 않았다. 원인을 물어보며 기도해 주었고, 어떤 분은 날 위해 금식을 연장해서 하고 내려가는 분도 있었다. 이름 모를 그분들께 지금이나마 감사를 드린다.

하지만 나의 몸은 더 악화됐고, 금식을 마치고 또다시 중환자실로 들어가야 했다.

누군가 말했던가? 죽을 때가 되면 죽을 날을 자신이 먼저 알고 있다고, 그리고 죽기 전에는 진정으로 사랑하는 사람이 보고 싶다고 하지 않았던가? 병상에 누워있는 어느 날 밤 온통 어두운데 시계 속에 초침이 지나가는 것이 선명하게 보였다.

그 시계를 보는 순간 누가 알려주지도 않았는데도 몇 분후면 내가 죽을 거라는 것을 정확히 알 수 있었다. 그리고

나의 내면이 보였다. 생사가 오가는 순간 많은 환상이 눈앞에 지나갔다. 내 몸속에 장기가 보이고 수많은 죄악이 먼지가 되어 내 입안 가득히 차올라 있었다. 그리고 미세한 먼지들이 나의 발끝에서부터 바로 코 밑까지 가득 차있었다. 숨 한 번만 내쉬면 먼지가 들어가 죽을 것만 같았다. 그 먼지들을 빼내야 살 수 있을 것 같은데 너무 가득 차있어서 빼낼 방법이 없었다. 죽음만 기다릴 뿐이었다.

그 환상을 본 뒤 한 달 동안 말을 할 수 없었다.

'먼지가 차지 않게 하려면 어떻게 해야 하지?' 생각하다가 내린 결론은 '그래! 숨은 안 쉴 수 없으니, 말을 하지 말아야겠구나. 말을 하면 먼지가 차있지 않은 조금 남은 공간마저 먼지로 더 빨리 차겠구나. 이제부터 말하지 말아야지!' 하고 결단을 하게 됐다. 그 후로 나의 입을 굳게 닿았다. 하지만 나는 곧바로 그렇게 결단을 한 이유를 기억할 수가 없었다. 하지만 무의식중에 입력돼서 말을 하지 않고 있었다.

어느 날 여자주치의가 회진을 돌면서 나에게 말을 건넸다.

"한백로 님! 왜 말을 안 하세요? 여기가 어디에요? 어딘지 알겠어요?"

'내가 왜 말을 안 하고 있지? 무슨 말을 하지? 무슨 말을

해야 하나?'

그리고 내 입에서 말을 뱉었다.

"제 몸에 위하고 장만 있는 것 같아요!"

그랬더니 그 말을 듣고 의사가

"어머! 어머! 이제 말을 하네요. 그리고 말한 첫 마디를
농담으로 해요! 농담도 할 줄 아시네요."

하며 즐거워했다. 모두 나의 말문이 터졌다고 기뻐했다.

내 몸속으로 들어온 수많은 먼지들은 죄였다. 나의 힘으
로는 어떤 방법으로도 지울 수도 해결할 수도 없는 죄였다.

> 모든 사람이 죄를 범하였으매 하나님의 영광에 이르지
> 못하더니
>
> 롬 3:23

사람은 태어나면서부터 죄로 인해 사망한 자이고 그 죄
는 어떤 것으로도 씻을 수 없다.

> 주 여호와의 말씀이니라 네가 잿물로 스스로 씻으며 네
> 가 많은 비누를 쓸지라도 네 죄악이 내 앞에 그대로 있
> 으리니
>
> 렘 2:22

그러나 오직 예수 그리스도의 피로 말미암아 씻을 수 있

는 것이다.

엡 2:1

어떤 이들은 자신의 착한 행실로 나는 의롭다 한다. 결국 영광이 하나님이 아닌 나의 영광을 구하는 것이다. 사람의 의로는 구원할 수가 없다.

평생 산다고 확신하는 사람이 어디 있는가? 이 육신은 심장 박동이 멈추면 사망으로 판정된다. 그리고 육신은 썩어 흙으로 돌아간다. 그러나 사람에게는 영이 있는데 그 영은 죽지 않는다. 영원한 천국과 지옥 중에 선택해야 하는 기로가 이 땅밖에 없다.

어린아이가 엄마 뱃속에서

'여기가 내가 사는 세상이구나.'

라고 생각하고 그 공간이 인생 전부인 양 엄마 배를 두드리기도 하고 발로 차며 양수 안에서 물장구를 치고 논다. 그러다 열 달이 차서 세상에 나올 때가 되면 엄마 뱃속이 다인 줄 알았던 아기는 또 다른 세계의 불빛을 보며 놀란 나머지

'난 이제 죽는구나.'

하고 온 힘을 다해 소리 지르며 운다. 그러나 아이의 생각과는 달리 뱃속에서와는 비교도 안 되는 처음 보는 세상이 눈앞에 펼쳐진다.

이제는 열 달이 아닌 70~80년이라는 시간이 기다리고 있다. 아니 요즘은 100세 인생이 기다린다.

> 우리의 연수가 칠십이요 강건하면 팔십이라도 그 연수의
> 자랑은 수고와 슬픔뿐이요 신속히 가니 우리가 날아가
> 나이다
>
> 시 90:10

그러고는 이 세상이 전부인 줄 알고 살아간다. 더 많이 갖고 더 좋은 것 입고 먹고 이 땅에서 발버둥을 치며 산다. 그러다 기력이 쇠하여 죽게 되면 주위 사람들이 영영 못 볼 거라는 생각에 대성통곡을 하며 운다. 그러나 육신의 죽음을 통과하면 영원한 세계가 눈앞에 펼쳐진다. 예수님을 전심으로 믿었느냐 안 믿었느냐에 따라 영원한 천국과 영원한 지옥나라로 나눠진다.

한번 죽는 것은 사람에게 정해진 것이요 그 후에는 심판
이 있으리니

히 9:27

하나님은 사람을 자녀로 만드셨고 영원히 하나님 아버지
와 기뻐하고 즐거워하도록 창조되었다. 어린아이가 부모와
있기만 하면 모든 것을 다 얻은 것처럼 즐거워하는 것같이
하나님 아버지 존재만으로도 기뻐하고 즐거워하도록 지음
받았다.

그런데 그 사랑의 관계를 방해하는 악한 영이 있다.

만약 내 것이 아닌 타인의 물건을 가져다가 손상을 했다
면 보상해 주는 것이 당연한 일이다. 그 물건이 비싼 명품
시계라고 하자. 근데 타인이 만져 보다가 떨어뜨려 파손이
됐다면

'어? 망가졌네? 어쩔 수 없지'

하고 다시 주인에게 깨진 그대로 고스란히 돌려주겠는
가? 그 물건에 합당한 값을 지불하든지 그와 똑같은 물건
을 사주는 것이 당연한 이치이지 않겠는가?

이처럼 사람이란 명품시계와 비교할 수도 없이 소중한
존재인데 사단으로 인해 깨지고 망가져서 버릴 수밖에 없
는 사망이 찾아온 것이다. 그래서 누군가 우리를 대신해서

62

생명을 지불해야 했다. 사람의 생명을 살리기 위해서는 깨지고 상하지 않은 생명을 가진 사람이 필요했다.

그 일은 사람이 아닌 천사도 할 수 없고 양과 소 같은 짐승의 생명으로도 대신할 수 없고 어떤 아리따운 여인의 생명이나 지식과 권력이 뛰어난 어떤 사람이 대신할 수도 없었다. 살 수 있는 방법은 우리와 똑같은 사람이어야 하고 망가지지 않은, 죄는 없어야 하는 사람의 생명이 필요했다.

그래서 우리를 만드신 조물주, 창조주 하나님이, 죄가 하나도 없는 하나님이 사람의 몸으로 이 땅에 오셔서 저주의 십자가에 나 대신 생명을 지불하셨다. 하나님이 만드셨으니 하나님 당신이 책임지시겠다는 것이었다. 아버지인 하나님은 깨지고 상한 자식인 우리를

'지옥이나 떨어져라!'

하고 그냥 죽도록 내버려둘 수 없으셨다.

그는 죽으실 뿐만 아니라 다시 살아나셔서 우리를 함께 살리셨다. 그리고 나 한 사람의 인생뿐만 아니라 어른이나 어린아이나 부자나 거지나 많이 배웠거나 못 배웠거나 병든 자나 건강한 자나 어떤 흉악한 범죄자라도 인류 모든 사람의 생명값을 이미 다 지불하셨다. 그분이 바로 예수님

백로의
천로역정

이다.

그리고 이 사실을 실제로 믿는 자는 산다. 이것이 하나님의 사랑이다. 그러기에 수많은 사람이 욕을 얻어먹고 무시당하고 매 맞고 목숨을 버리면서까지 예수님을 전하는 것이다. 이 땅이 전부가 아니라 영원한 생명이 있다고 돌아오라고 외치고 기도하는 것이다.

형제여 돌아오라! 돌아오라!
누구나 떠나는 인생인 줄 알면서
평생 살 것처럼 아옹다옹하는구나
인생살이가 하루살이 같구나
내 형제여
내가 어찌 말로 다 하리요
어찌 나의 삶으로 다 말하리요
내 형제여
더 멀리 더 높이 바라봐다오
하늘 위에 하늘보다 더 높은 하늘이 있다는 것
을….
보이는 것은 잠깐이거늘 영원한 것인 양
이 세상살이에 목숨 걸지 말고
영원한 것을 위해 투자해다오

인생이 나그네길이라는 것을….
긴 인생인 것 같아도 안개 같은 인생이라는 것
을….
기회는 이 땅에서 밖에 없다는 것을 믿어주오
사랑은 오래 참는 것이라네
하나님이 오래 참으셨다네

백로의
천로역정

10

요단강을

바라보다

죽어가는 순간 병실 벽이 투시되어 병실 벽을 봤을 때는 병실 벽 넘어 다른 병실 안에 있는 사람들이 보였다. 그리고 내 앞에 서 있는 의료진과 엄마를 볼 때 그 사람의 마음이 훤히 들여다보였다. 일부러 보려고 한 것도 아닌데 그들의 마음의 소리가 들렸다.

내가 죽어가는 순간 그 공간에는 나를 제외하고 세분이 더 있었다. 나의 엄마, 주치의, 간호사 이렇게 나의 옆을 지키고 있었다. 엄마는 죽어가는 나를 보며 소리 내어 통곡을 하고 있었다. 난 엄마의 우는 모습을 바라보았다. 겉으로는 다른 아무 말 없이 울고만 있는데 엄마의 마음속 소리가 아주 정확하고 똑똑하게 들려왔다.

'아이고 이 가시내! 나를 왜 이렇게 힘들게 하는 거냐? 너까지 나를 이렇게 힘들게 하냐! 차라리 죽어라! 죽어! 죽으란 말이여!'
라고 마음으로 외치는 소리였다.

그리고 바로 옆에 있는 주치의를 보는 순간, 엄마 마음속 소리를 봤던 기억은 잊어버렸다. 5분 전 일이, 아니 1분 전의 일도 기억나지 않았기 때문이다.

그때의 일을 지금 기억해보면 나의 주치의는 레지던트 2

백로의
천로역정

년 차였다. 그 주치의의 마음은 오직 한 가지였다.

'이 아이를 어떻게 살리지? 무슨 약을 써야 하는 거야?

○○약을 써야 하는 거야? △△약을 써야 하는 거야? 어떻게 살리지?'

라고 하는 마음의 소리가 들렸다.

그리고 그 옆에 간호사가 있었는데 간호사의 마음은 무척이나 화가 나 있었다. 한 손에는 링거병이 들려있었다.

'에이씨! 짜증 나! 저 아줌마는 왜 이렇게 우는 거야? 듣기 싫어! 자기만 자식이 그러나? 안 그래도 나이트근무라 힘들어 죽겠는데, 그냥 확~ 이 링거병 던지고 가버려? 진짜 싫어!'

이건 엄마를 향해 말하는 소리였다. 그 마음의 소리를 듣고 '안 되겠다.' 싶어서 죽음을 앞두고도 온 힘을 다해 엄마에게 말했다.

"엄~마~~! 저 저 간호사가 엄~~마~ 욕해~"

그러자 엄마는 외쳤다.

"아이고~ 이것이 죽을 때가 되니 헛소리를 다 하네~ 아이고 아이고~~"

병원을 퇴원하고 회복된 뒤 몇 년이 흘렀는데 시골에 계신 엄마한테 전화가 걸려왔다.

"백로야! 내가 아무리 생각해도 안 되겠다 싶어서 전화한다."

"왜? 뭐 때문에 그러는데?"

"너 병원에 있었을 때 그때는 내가 너무 힘들었어야~. 아빠도 힘들게 허고 이것저것 많이 힘들어서 너까지 아픈께 '차라리 죽었으믄 좋것다.'라고 그랬어야. 기도허고 있는디 백로 너한테 용서를 안 허믄 하나님도 용서 안 헐꺼 같아서 너한테 전화했시야~ 미안허다 백로야~. 이 엄마 용서허그라. 미안허다!"

"아니야~ 엄마! 괜찮아~ 다 알고 있었어! 그때 엄마 마음속이 다 보였거든. 나는 다 이해하네. 걱정 마소. 우리 엄만디~ 엄마가 속상해서~ 힘들어서 한 말인 거 다 알아 괜찮아~ 걱정 마~!"

"그래도 하나님이 너한테 말하라고 그래서 '안 돼 것다' 싶어서 전화했다. 그래 고맙다. 내가 우리 백로 많이 사랑헌다."

다 알아졌다. 그때 마음의 소리를 들었는데 지금의 사랑의 고백 소리는 안 들리겠는가? 엄마의 두 가지가 교차했

던 슬프고 아픈 마음과 사랑의 마음이 헤아려진다.

병상에서 마음의 소리를 듣고는 항문에 힘을 잃고 몸속에 있는 것이 밖으로 쏟아져 흘러나왔다.

'이제 드디어 죽는구나.'

하면서 순간 드는 생각이 아빠가 너무 보고 싶었다. 이때는 아빠가 돌아가시기 전이었다. 견딜 수 없이 보고 싶고 그리웠다.

지방에 계시는 아빠는 예수님을 믿지 않으셨다. 그래서 그 짧은 순간에 수많은 생각이 스쳐 지나갔다.

'나는 지금 죽으면 천국 가지만 지금 이 자리에 없는 아빠에게 어떻게 예수님을 전하지?'

생각하다가

'내가 건강했을 때 아빠한테 예수님 믿으라고 했었으니까 내가 죽고 나면 자식을 그리워하면서 막내딸이 원하던 것이 무엇이었나 생각하다 보면 교회 나가시겠지'

라고 생각되어 죽기 전 마지막으로 온 힘을 다해 옆에 있는 엄마에게 말했다.

"엄~~마⋯! 내⋯가 아⋯빠 사랑⋯했⋯다고 전⋯해⋯ 줘⋯."

그것이 끝이었다. 마지막 유언이었다.

백로의
천로역정

11

침묵하시는 분을

만나다

‘드디어 죽은 것인가? 여기가 천국인가?’

오른쪽을 보니 늙은 할머니가 숨을 헐떡이며 죽어가고 있었고 왼쪽에는 바싹 마른 할아버지가 기계를 의지해 겨우 숨을 쉬고 있었다.

‘여기가 어디야? 지옥인 거야?’

난 그 모습을 보는 순간 숨이 막혀 죽을 것만 같았다. 다시 한 번 눈을 떠 주위를 둘러보니 그곳은 천국도 지옥도 아닌 중환자실이었다. 그곳은 나에게 죽음의 공포를 극도로 느끼게 했다. 몸에는 의료기구들이 곳곳에 꽂혀있었고 난 그대로 누워있을 수가 없었다. 멀찌감치 간호사들이 보였다.

“여기요! 저 좀 내보내주세요!”

그러자 간호사 한 명이 나에게 달려왔다.

“여기는 중환자실이에요. 여기서 치료를 받아야 하기 때문에 지금은 나갈 수 없어요.”

그러고는 다시 멀찌감치 사라졌다.

‘안 돼! 나는 여기서 나가야 해! 여기 있으면 정말 죽을 것만 같아.’

다시 한 번 힘을 내어 소리를 쳤다.

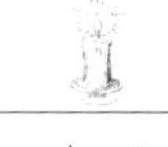

"간호사! 간호사! 나 여기서 내보내줘! 내보내 주란 말
이야!"

그러자 간호사는 나를 향해 고개를 돌려 바라보더니 아
무렇지 않은 듯이 그대로 하던 일을 계속했다.

'왜 안 오지? 내가 존댓말을 하지 않아서 그런가? 그럼.'

"간호사님! 간호사님! 저 여기서 내보내 주세요! 간호사
님!"

그래도 아무런 기척을 하지 않았다. 그래서 더 존댓말을
생각했다.

"간호사 선생님! 간호사 선생님! 저 좀 여기서 내보내 주
세요! 선생님! 간호사 선생님!"

아무도 기척하지 않았다.

'아무도 나의 말을 들으려 하지 않아! 그럼 어떻게 해야
하지?'

주위를 둘러보다가 나의 몸에 잡히는 게 있었다. 심장 쪽
혈관에 꽂혀있는 링거 줄이었다. 그 줄을 힘껏 잡으며 소리
쳤다.

"나 여기서 내보내주지 않으면 이거 뽑아 버릴 거야! 나
여기서 내보내주란 말이야!"

그러자 간호사들이 호들갑스럽게 나를 향해 뛰어오기 시작했다.

'와~ 이제야 나의 말을 듣는구나.'

하고 있을 때 간호사는 놀란 눈으로 외쳤다.

"환자분 이러시면 안 돼요!"

그리고 붕대를 가지고 와서는 나의 양팔과 발을 묶고 나를 K.O 시키며 역전이 되는 말을 했다.

"환자분! 조용히 하세요! 그렇지 않으면 이 붕대 안 풀어 줄 거에요! 조용히 하면 풀어 줄게요"

협박이 아닌 협박을 듣게 되었다.

'뭐야? 내가 당했어!'

그러고는 나의 힘으로 아무것도 할 수 없는 그때에 마음속으로 외쳤다.

'하나님! 계세요? 저 보고 계시죠? 저 좀 꺼내주세요! 여기 있으니까 힘들어요! 죽을 것만 같아요!'

하지만 하나님은 침묵하시는 듯했다.

'아니 죽는 건 괜찮아요. 저는 죄인이니까요. 그리고 날 위해 죽으시고, 살아나신 예수님을 믿으니까요. 하지만 주님! 제가 매일 기도할 때 말했던 거 기억하시잖아요? 개인

적인 종말을 맞을지라도 고통스럽지 않게 죽게 해달라고···.
죽는 순간만큼이라도 하나님께 영광이 되게 해달라고 기도
했잖아요. 그런데 지금 제가 너무 고통스러워요.'

침묵하시는 하나님 앞에 계속 중얼거리며 말했다.

'하나님! 저 여기서 내보내주세요. 혹 내보내지 않고 여기
서 죽는 게 하나님 뜻이라면 제가 하나, 둘, 셋을 셀 테니까
셋 하면 죽여주세요.'

난 깊은숨을 들이마시며 단단한 마음을 먹어야 했다. 그
러고는 각오를 하고 숫자를 세기 시작했다.

'하나님 이제 숫자 셀게요. 시작해요. 자, 하나! 둘! 셋!'

그 순간 나는 두 눈을 꼭 감았다. 하나님은 그래도 날 죽
이지 않으셨다.

'오? 안 죽었네? 그럼 여기서 내보내 주신다는 거군요?'

하고는 나도 모르는 순간 깊이 잠이 들었다. 그리고 눈을
떠보니 1인실에 누워있었다. 옆에는 엄마가 앉아 있었다.

난 어둔한 말투로 더듬더듬 말했다.

"엄마! 나 어떻게 된 거야? 여기는 어디야?"

"에구에구 이것아! 니가 중환자실에서 하도 난리 쳐서 다
른 환자들한테 피해 가서 다인실은 못 가고 일인실로 들어

온 거여! 내가 너 때문에…. 중환자실보다 여기 병실비가

더 비싼디! 어찌야 쓰까…."

나는 침묵 중에서도 할 일 다 하시는 하나님을 보았다.

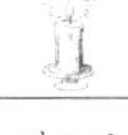

백로의
천로역정

12

갈비뼈를 찾아가다

힙합, 고전무용에서 장구춤까지 춤추는 것을 좋아해서 여러 가지 춤을 배우고 연극과 공연을 취미 삼아 즐기던 나는 연극배우의 꿈을 갖고 있었다. 하지만 육신은 내 마음을 따라주지 않았다.   중환자실에 들락거리며 몸은 나뭇가지처럼 말라 있고 약으로 인해 달덩이처럼 부은 얼굴은 열꽃처럼 붉게 달아올라 화상 입은 듯이 온통 딱지로 덕지덕지 뒤덮였고 나 스스로 대소변을 가리지 못했다.

살지 죽을지도 모르는 그 와중에 같은 교회 다니는 찬양전도사님이 나를 위해 21일 금식을 끝내고 3일째 보호식하는 가운데 병실에 누워있는 나를 찾아왔다.

의식은 온전하지 못했지만 나는 말라있는 전도사님을 보고 힘없는 목소리로 입을 열었다.

"전도사님! 보호식은 잘하고 계세요?"

이런 나의 말을 들은 전도사님은

'그 누구도 금식한 나에게 보호식 잘하고 있느냐고 걱정해주는 말 하나 해주는 사람 없었는데 자신 몸도 가누지 못하는 사람이 나를 이렇게까지 생각해줄 수가 있단 말인가?'

하고 감동을 크게 먹었고,

‘이 아이를 내가 돌봐야겠구나. 하나님이 그동안 이 아이를 내 마음에 주신 것이 틀리지 않았어.’

라고 생각하며, 그때 내가 자신의 배우자라고 확증을 받았단다.

그러다 어느새 나는 조금씩 몸이 회복되어갔다. 전도사님의 사랑의 기도 덕분인지, 기억이 다시 돌아오고 걸을 수 있게 되었고 기도 생활도 하고, 봉사도 하고, 직장도 다시 다닐 수 있게 될 만큼 좋아졌다.

남자는 자고로 믿음직해야 하는데 나는 전도사님이 믿음직해 보이지 않았다.

‘다른 기도 응답은 잘 받지도 못하면서 내가 자신의 갈비뼈라고!? 말도 안 돼!’

하며 아직도 내가 더 잘났다 하는 교만함이 내 안에 자리 잡고 있었다. 내 꼴을 보면 감지덕지한 상황임에도 불구하고 저런 사람과 결혼할 바에는 혼자 살다 죽는 것이 낫겠다 싶었다.

‘몸서리치게 싫어 감출 수 없는 이 사실을 어찌하란 말인가? 당연히 결혼은 사랑하는 사람과 하는 것이 아닌가?’

그런데 주님은 허락하셨다.

‘내가 호세아 선지자도 아니고 내가 원하는 사람이 아니
라 하나님이 원하는 사람과 결혼을 해야 합니까?’

하는 의문의 기도를 하나님께 드릴 때면 나도 이해할 수
없는 마음이 나를 결단하게 했다. 그러나 기도를 끝내고
눈을 떠 일상생활로 돌아가자면

‘아니야! 아니야! 이렇게 배우자를 만날 순 없어! 사랑은커
녕 좋아하는 감정 하나 없는데 어떻게 결혼을 한단 말이야!’

하는 마음이 들었다. 그러나 하나님은 믿음 없는 나에게
기드온처럼 응답해주셨다.

남편은 시력이 좋지 않아 어려서부터 안경을 썼다.

그래서 어느 토요일 밤 나는 하나님께 이렇게 기도했다.

‘하나님 아시죠? 저의 배우자는 안경 안 쓴 사람으로 해
주세요. 들으셨죠? 저의 남편 될 사람은 안경 안! 쓴! 사!
람!이라고요. 그러니까 그 사람은 아니네요. 맞아요. 안경
안 쓴 사람이에요!’

라고 안경에 대해 강조를 하며 나의 배우자상을 주님께 알
려드렸다.

나는 특별히 배우자 기도를 하지 않았다. 평소에 배우자
기도하기를 주님의 뜻대로라고 기도했다. 그리고 한 가지는

백로의
천로역정

'제가 세상에서 놀다 온 사람이고 모태 신앙이 아니니까 배우자만큼은 모태 신앙이지만 그래도 세상맛을 좀 보고 돌아온 사람이면 사는데 소통이 잘될 거 같아요'
라고 기도했는데 그런 생각을 왜 했는지…. 돌아온 탕자 같은 사람을 구한 것이었다.

아무튼 그날 밤 그렇게 기도하고 다음 날 주일 아침에 본당을 들어서는데 듣고 싶지 않은 전도사님의 찬양소리가 내 귓가에 들려왔다.

'정말 주님께만 집중해서 찬양드리고 싶은데 어찌하여 저의 마음을 혼미케 하여 진정한 찬양을 올려드리지 못하게 하시나이까?'

하며 고개를 들어 그를 보는데 그가 안경을 안 쓰고 찬양인도를 하고 있는 것이었다. 어제 기도한 내용이 순식간에 나의 머리를 스쳐 지나갔다.

'헉 이게 뭐야?? 우연도 이런 우연이…. 아니지 그럴 수도 있지, 안경 안 쓰고 찬양할 수도 있지, 그리고 그러든 저러든 나와는 상관은 없지.' 라고 생각했지만 계속해서 신경이 쓰였다. 그래서 예배가 끝나자 말을 하고 싶지 않지만, 궁금해서 그에게 물어보았다.

"전도사님, 오늘은 왜 안경을 안 쓰셨어요?"

전도사님이 대답했다.

"안경을 머리맡에 놓고 잠을 자는데 아침에 일어나면서 하나밖에 없는 안경을 나도 모르게 밟아서 완전히 으스러져서 쓸 수가 없었어요."

"헉."

놀랐다. 하지만

'그럴 수도 있지'

라고 생각하고 자리를 피했다. 그리고 이젠 다른 기도를 했다.

'하나님! 전 나이도 어린데 벌써 결혼이요?'

기도하자마자 생각이 스쳐 지나갔다. 어릴 때부터 결혼을 빨리해야겠다고 계단에 앉아서 말했던 그 장소까지 떠올랐다.

'20살 돼서 빨리할 거야! 그리고 나는 어린 사람들과는 말이 안 통하니까 나이 차이 많이 나는 사람과 결혼할 거야.'

그래도 머릿속을 지우며 한풀 꺾여 이렇게 기도했다.

'하나님! 그럼 이번 겨울에 첫눈이 내리는 날 하나님이 허락하신 배우자 될 사람과 단둘이 길을 걷게 해주세요. 어

떤 상황이 됐던지 함께 걷고 있다가 첫눈이 내리면 그 사람이 제 배우자라고 알겠어요.'

라고 기도했다.

어느 날 찬양팀 사역을 하는데 어떤 분이 감동이 왔다고 하시면서 찬양팀 의상을 맞춤복으로 해주신다는 것이다. 그때 나는 댄스팀에서 사역을 하고 있었다. 그래서 모두 의상을 맞추기 위해 날짜를 정하고 의상 집으로 가기로 약속했다. 그중 한 분이 못 가는 상황이라며 줄자를 가지고 치수를 재서 나에게 주고 나머지는 한곳에 모여 가기로 약속했다. 근데 한 사람 두 사람 약속장소에 못 온다고 연락이 왔다. 그래서 어쩔 수 없이 전도사님과 둘이 가게 되었다. 그곳으로 가는 길에 해는 저물었고 가로등 불빛이 있는 광장을 지나갔다.

그렇게 깊은 밤은 아니었는데 사람들이 거의 지나다니지는 않았다. 근데 그때 하늘에서 뭔가가 떨어졌다. 가로등 불빛 사이로 송이송이 떨어지는 것은 분명 눈송이였다. 아주 예쁘다고 생각이 들어 나도 모르게

"와! 첫눈이다!"

라고 외치는 것이 끝나기도 전에 몇 달 전 기도했던 내용이

스쳐 지나갔다. 그 생각이 떠오르자 바로 설레는 마음이 확 사라지면서 전도사님께 이렇게 되물었다.

"이거 첫눈 아니지요?"

"올 겨울 처음 내리는 눈이라 첫눈인 것 같은데요."

"아닐 거예요. 그죠?"

"첫눈 맞는데…"

나는 너무나 좌절했다. 그래서 스스로

'아니다. 이건 첫눈이 아니다.'

라고 세뇌를 했다.

그 누가 뭐라 해도 첫눈은 아니라고 스스로 다짐했다. 그 다음 날 다른 사람들을 만날 때면

"어제 첫눈 내리는 거 봤어?"

라고 말해도

'그거 첫눈 아니잖아!'

라고 반발하게 됐다. 그러나 분명 첫눈이었다.

어느 날 결판을 내야겠다는 생각에 전도사님과 놀이터에 서 만났다.

"전도사님! 정말 제가 전도사님 배우자래요? 어떻게 알아 요? 하나님이 그래요? 그럼 그 하나님이 저한테는 응답 안

해 주시고 전도사님한테만 응답하신대요? 증거를 대봐요? 증거를 보여줘 봐요!”

하나님이 이미 증거를 보여주셨는데 믿고 싶지 않아서 이렇게 퍼부어서 소리 지르며 말했다. 그럴 때면 전도사님은 바보처럼 실실 웃으면서

“응, 응답받았어!”

라고 반말로 말을 하는 것이다. 그래서

“왜 반말을 하고 그래요? 정말 나를 좋아하기나 해요? 그러면서 함부로 막말해요?”

라고 막말하는 건 나인데 되레 누명을 씌웠다. 말하는 중에 화가 나는데 하나님은 의식되어서 외쳤다.

“그래요? 제가 그렇게 좋아요? 하나님이 결혼하래요? 그럼 좋아요. 하나님 뜻이면 결혼하면 되는 거 아니야? 하나님 뜻이면 결혼해요! 결혼하자고!”

어두워진 밤에 단둘이 있는 놀이터에서 소리 질러 식식거리며 말했다. 그때 핸드폰에 문자가 왔다. 식식거리고 있는 나에게 잘못 온 문자였다. 문자의 내용은 이러했다.

“참 잘하였도다. 내가 너로 인해 기쁘도소이다.”

‘이건 또 뭐야.’

누가 보냈는지 잘못 온 그 전화번호로 전화를 걸었다. 다음날도 계속 걸었다. 그런데 받지를 않았다. 그래도 계속 전화하는 가운데

'아무리 잘못 온 문자이지만 이렇게 잘못 온 것도 모든 것이 하나님 주권 아래 있는데 나한테 잘못 온 문자가 잘못 온 것이 아니라 하나님이 나에게 보내신 문자구나.

그렇게 소리 지르며 화를 내면서 하나님 뜻이면 결혼하자고 한 말이 그렇게 하나님은 기쁘셨단 말인가? 얼마나 큰 뜻이 있어서 다른 것은 응답을 잘 안 하시고 더디게 하시고 내가 떼쓰니까 대충하시는 것 같고 그러시면서 배우자에 관해서는 왜 이리도 강권적으로 인도하시는가? 하지만 이렇게 기뻐하신다는 문자를 나에게 쏘실 정도면 얼마나 기뻐하신다는 건가? 그렇지! 하나님은 가장 좋은 길로 인도하시고 하나님의 지혜가 나보다도 더 뛰어나시지!'
라는 생각이 들었다. 그 순간 감동의 눈물이 났다. 그리고 그 문자는 마치 예수님이 세례요한에게 세례를 받으신 후에 하나님이 말씀하는 음성과 겹쳐서 나에게 다가왔다.

백로의
천로역정

마 3:17

그러나 나의 마음은 여전히 내가 사랑하는 사람과 만나 결혼하고 싶었다.

하지만 이런 상황은 마치 화려한 세상을 사랑하고 있는 철없는 신부! 사랑받을 만한 조건이 하나도 없는 나를 '내 신부'라 하시고 우릴 부르시는 신랑 되신 예수님이 떠올랐다.

사 62:5

13

수렁에 빠지다

나보다 10살 더 많은 전도사님은 인간적으로 볼 때 나를 향한 동정의 마음만 있을 뿐 갖추어진 것이 아무것도 없는 사람 같았다. 또한, 이것저것 배우고자 하는 열정은 많아 다양한 악기를 다룰 줄 알았지만, 사람과의 관계를 잘하지 못하는 사람이었고 물질적으로 소유하고 있는 것 하나 없는 빈털털이었다. 나는 그런 남편과 인연을 맺고 싶지 않았다.

그러다 어느 날 철야예배를 마치고 청년부에서 야외예배를 가기로 하는 날이었다. 나는 마음이 맞는 형제와 따로 렌터카를 빌려 타고 전도사님에게 보란 듯이

'나한테 신경 끄세요.'

라고 무언의 말과 눈빛을 쏘아대며 이동했다. 밤 12시가 넘은 시간이었고 주위에는 집도 상가도 없는 고속도로를 달리는 중이었다. 차를 타고 가며 대화를 나누었다.

"너, 요즘 전도사님이 너한테 관심을 갖고 있다며? 어때? 어떻게 생각해?"

"말도 꺼내지 마. 나이만 많이 먹었지. 그렇다고 돈이 있는 것도 아니고 능력 하나 없고 그런 사람 소름 끼치니까 말도 꺼내지 마!"

라고 말을 내뱉고 앞을 보자 웬 할아버지 한 분이 지팡이

를 짚고 도로 중앙을 걷고 있었다. 어디에서 왔는지 왜 거기를 걷고 있었는지 전혀 알 수 없었다. 순간 소리를 질렀고 급브레이크를 밟았는데, 차는 몇 바퀴를 돌아 전복되었고 옆에 운전하던 형제는 정신을 차려 옆자리를 보니 나의 신발과 가방은 그대로 있고 유리 창문은 열려있는 곳도 하나 없는데 나만 덩그러니 없어진 것을 발견하고 차 밖으로 나와서 나의 이름을 불러 댔다.

"백로야! 백로야! 어디 있어?"

지나가던 차들이 멈춰 서서 웅성거리기 시작했다.

"사람 찾아요? 차에서 튀어 나갔어요? 이 사람 죽었네! 죽었어! 어서 찾아봐요!"

또다시 천국 문을 보는 재도전을 하는 듯했다. 그러나 하나님은 나를 쉽게 데려가시지 않으셨다.

나는 그때 몇 미터인지 모를 차 밖으로 튀어나와 낭떠러지에 처박혀 있었다. 수많은 돌이 울퉁불퉁 박혀 있는 가운데 웅덩이가 하나 패여 있는 곳에 머리가 박혀있었다.

눈을 뜨자마자 전도사님을 향해 악평을 늘어놓았던 것이 떠오르면서 회개하게 하였다. 어느새 얼굴은 부어올라 거울로 보지 않아도 내 눈앞에 보일 정도로 코가 두툼하게

부어있었다.

'하나님, 용서해주세요! 제가 사람을 겉만 보고 욕하고 무시했어요. 하나님이 주신 짝이라면 결혼할게요!'
라는 고백이 서슴없이 가슴 깊이 흘러나왔다.

그리고 몸 상태를 점검해 보니 뼈 하나 상한 곳 없었다. 단지 어릴 때부터 덧니가 너무도 심하게 나서 근심거리였는데 위아래 그 덧니 일곱 개가 부러져서 그 덕에 보험으로 처리되어 무료로 치아를 가지런히 치료받게 되었다.

외관상 코는 땅에 부딪혀서 퉁퉁 부어올랐고 다리는 부러진 곳은 없는데, 타박상으로 아프다고 했더니 병원에서 발바닥부터 허벅지까지 반깁스를 해주었다. 교회에서 흰머리가 수북이 나신 권사님들이 병원에 입원한 나를 찾아왔다. 어르신 권사님들이 나를 외관상으로 보시기에는 중환자로 보이셨나 보다.

병문안을 와서 나를 보시더니

"에구에구 이게 어쩐 일이야? 왜 또…. 왜 이렇게 편할 날이 없는 거야"

"하나님! 백로는 왜 이렇게 고난이 많은 거예요? 어떡해요? 흑흑흑…."

나를 붙잡고 울기 시작하셨다.

나는 연세 드신 분들이 찾아오셔서 죄송해 어쩔 줄을 모르겠는데 우시기까지 하니까 정말 어찌할 바를 몰랐다.

그리고 퇴원한 후 몇 번의 우여곡절은 있었지만 그래도 마음을 열어 시댁 어르신들에게 인사를 드리러 가게 되었다.

불신자 가정에서 태어난 나로서는 상상할 수도 없는 믿음의 가정을 볼 수 있었다. 그제야 알았는데 남편은 삼 대째 믿음의 가정에서 태어난 축복받은 자녀였다. 인사드리면서 나의 눈을 사로잡는 것이 있었다. 거실 책꽂이에 빼곡히 꽂혀있는 기독교 서적들과 식사 때마다

"자! 기도합시다!"

하고 함께 기도하고 예배드리는 모습에서 불신자 가정에서 태어난 나의 마음을 설레게 하는 거룩함과 중후함이 느껴졌다.

'이것이 축복이구나!'

라는 생각이 들면서 너무 행복했다.

그리고 두 달 후 그해 겨울에 결혼하게 되었다.

남들은 자연스럽게 치르는 결혼식이 나에게는 평탄하지만은 않았다.

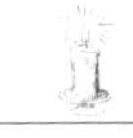

결혼 일주일을 남겨두고 나의 몸에 이상한 징후가 나타났다. 갑자기 숨을 쉴 수가 없을 정도였고 심장이 멈출 것만 같았다. 119에 실려 응급실로 갔다.

의사가 말했다.

"심장에 이상이 생겨 1분에 60~70회가 정상인 심장박동이 150회 이상을 뛰고 있어서 이러다가 심장이 멈춰 사망할 수 있습니다. 침상 밑으로 내려오지 못하게 보호자 분께 각별히 부탁드립니다."

응급한 상황이기에 나에게 다른 보호자가 없어서 결혼을 약속한 전도사님이 나의 보호자가 되어야 했다. 그런데 갑자기 배가 슬슬 아프면서 대변이 마려웠다. 전도사님한테 부탁하기 싫어 참고 있었는데 참다 참다 도저히 안 되겠다 싶어 응급실에서 간호사를 불렀다.

"저기요! 선생님! 저⋯ 저기요. 저 대변을 봐야 할 것 같은데요. 화장실 좀 갔다 오면 안 될까요?"

"안 됩니다. 침대에서 내려오면 안 됩니다. 변기 줄 테니까 보호자 분이 처리하세요!"

이동식 변기를 전도사님에게 주고 간호사는 떠났다. 어쩔 수 없이 나는 그대로 침상 위에서 대변을 보았다. 전도사님은 아무런 싫은 기색 하나 없이 나의 대소변을 받아주었다.

그 다음 날 나의 소식을 들은 엄마가 시골에서 병실을 찾아왔다.

"오매! 오매! 결혼이 얼마 남지도 않았는디, 요렇게 병원에 입원을 했나~?"

그때 담당 의사가 들어왔다. 그래서 난 물었다.

"선생님! 지금도 침대에서 내려오면 안 되나요? 저 다음 주에 결혼식 있는데…"

"결혼식은 못 갑니다. 못 간다고 하세요."

"아니 다른 사람 결혼식이 아니라 제가 결혼하는 날이라서 꼭 참석해야 하는데요. 그때는 나갈 수 있겠지요?"

"네? 안 됩니다! 결혼 취소하셔야 합니다. 이대로 밖에 나가셨다가는 심장이 멈춰 사망하실 수도 있습니다."

"안 되는데…. 청첩장도 다 돌려서 취소할 수도 없는데요."

"그래도 안 됩니다. 관리 잘하고 계세요. 그럼 이만…"

하나님이 허락하신 결혼이라 생각하고 추진한 것인데 취소해야 한다니 답답할 노릇이었다.

그러나 엄마는 의사가 나간 뒤를 향해 중얼거렸다.

"안 되기는 뭐가 안 돼?"

그때 엄마는 복음을 받아들여 믿음이 한창 불타오르고 있던 때였다.

"괜찮을 것이다. 백로야! 하나님이 허락하신 결혼인께, 분명히 미루지 않고 결혼을 헐 수 있을 것이라 믿는다. 그리고 나는 시골집으로 다시 내려가야 쓰것다."

굿을 하며 절에만 다녔던 엄마가 예수님을 믿고 얼마 되지 않아 하나님께 드리는 믿음의 고백이었다.

"그래! 알았어! 엄마"

"나는 내려가서 음식 장만헐 것도 많아야! 나는 가서 준비할 것인께, 너 결혼식 때 보자!"

"그래 엄마! 하나님이 허락하신 결혼이니까 취소 안 하고 할 수 있을 거야. 엄마 언능 내려가서 준비해!"

그리고 그날 엄마는 시골집으로 내려가셨다. 다음 날 교회 식구들이 병문안을 왔다.

"어머? 백로야! 결혼 며칠 앞두고 이게 웬일이니? 이래서 결혼을 어떻게 하니?"

"응 그래도 결혼식은 해야지."

“어머? 그래도 할 수 있어? 의사가 괜찮데?”

“아니 의사는 아직 허락 안 해줬는데 그래도 해야지!”

그들은 계속 말을 이어 가며 나를 설득하는 듯했다.

“백로야! 사람들이 기도하면서 하는 이야기 들었는데 ‘백로가 전도사님과 짝이 아니긴 아닌가 보다’ 그러더라. 나도 그래, 아직 늦지 않았으니까 다시 생각해봐! 전도사님하고 결혼하는 게 하나님의 뜻이 아니어서 너 이렇게 결혼 전에 병원에 입원한 거 아닐까?”

“그래? 나는 알아. 왜 이렇게 하셨는지, 하지만 그건 아니야.”

결혼을 취소하고 다시 할 수도 있었지만 그러고 싶지 않았다. 그리고 몇 푼 안 된다고 생각할 수도 있지만 청첩장과 그동안 준비한 비용들이 아까워서도 취소할 수 없었는지도 모른다.

주변 사람들은 이 결혼이 하나님의 뜻이 아니라며 짝이 아닌가 보다라고 다시 생각하라는 말들이 많았다. 하지만 나의 마음은 그 누구도 막을 수 없는 믿음의 확신으로 가득 차 있었다. 확신이 있을 만큼 남편을 사랑한 것이 아니라 하나님을 믿는 믿음 때문이었다. 그렇다고 내가 그렇게

백로의
천로역정

믿음이 좋은 사람은 아니다. 단지 하나님이 나에게 믿음을 넣어주셨을 뿐이다.

드디어 결혼은 내일로 다가왔다. 그러나 나는 여전히 병원에 있었다. 담당 의사가 들어오는 소리가 들린다.

"한백로 님! 오늘은 기분 어떠세요?"

"선생님! 저 내일 결혼식인데요…"

"네? 아직 취소 안 하셨어요?"

"네! 저 괜찮아요. 가슴도 답답하지 않고 숨차지도 않아요. 뛰어다닐 수도 있을 꺼 같아요."

"아니요. 뛰어다니면 절대 안 되고요. 정말 안 되는데…"

근심을 하며 나에게 다시 말을 건넸다.

"취소를 안 했다고 하니 퇴원은 안 되고 외출증을 끊어드릴 테니 결혼식만 하고 바로 들어오세요."

"네! 감사합니다."

"폐백도 절하는 자세도 취해서는 안 됩니다. 그럼 큰일 납니다. 딱 결혼식만 하고 오세요."

난 다음 날 외출증을 끊고 나가 결혼식을 올렸고 폐백도 하고 인사까지 다 하고 병실로 들어왔다. 시댁 식구들은 이런 사실을 아무도 몰랐다.

이는 하늘이 땅보다 높음 같이 내 길은 너희의 길보다 높
으며 내 생각은 너희의 생각보다 높음이니라

사 55:9

백로의
천로역정

14

도둑이

되다

우린 아무것도 서로 하지 않기로 하고 반지만 서로 나누었다. 반지하에 월세방 한 칸을 얻었다. 그래도 신혼집이라고 아기자기하게 꾸며놓았다.

그런데 몇 달 안 돼서 이 작은 집에 도둑이 들었다. 가져갈 것 하나 없는데 뭘 가져가겠다고 도둑님이 오셨다. 방 안은 신발 자국들이 있었고 장롱 속 이불과 모든 서랍과 속옷까지도 지저분하게 널브러져 있었다. 도둑은 참으로 도둑이었다. 가져갈 것 하나 없는 곳에서 어떻게 찾았는지 딱 한 가지 결혼반지를 찾아 훔쳐 갔다. 그러나 우리 부부는 그런 거에 신경을 쓰지 않았다. 단지 청소하기가 힘들었다.

그러다 몇 달이 지났을까 낮에 일터에서 근무하고 있었는데 교회 부목사님으로부터 전화가 걸려왔다.

"백로야! 놀라지 마라. 알았지? 어떻게 하냐?"

"괜찮아요. 말씀하세요. 무슨 일인데요?"

"백로야! 너희 집에…. 너희 집에…."

"아~ 또 도둑 들었어요?"

"응. 어떻게 알았냐? 빨리 집으로 와라. 없어진 거 확인하고 경찰에 신고해야 하지 않겠어?"

"하하하 괜찮아요. 저번에도 도둑 들었었어요. 이젠 정말

집에 가져갈 게 없어요. 퇴근하고 갈게요."

"정말 괜찮겠어?"

"네, 괜찮아요. 걱정하지 마세요. 청소하기가 힘들어서 그렇지 괜찮아요."

그렇게 두 번째 도둑이 방문하고 가셨다. 그리고 다른 집으로 이사하고 또다시 얼마 있다가는 도둑님이 오셨다. 그때는 위층에 사는 초등학생이 도둑을 보고 어른들에게 말했다고 한다. 그 아이가 도둑을 보니 두 명이었고 말소리를 들었다고 한다.

"가져갈 게 하나도 없네! 어떻게 이렇게 가져갈 게 하나도 없냐?"

하면서 또 다른 사람이 냉장고를 열었다 닫았다 하더니

"야! 냉동실에 새우깡 하나 있다. 이거나 먹고 가자"
라고 했단다. 없는 것도 은혜다.

이 일로 초등학교 (그때는 국민학교) 어린 시절 학교 교무실을 무단으로 침입했던 강도와 같은 지난날을 회개하게 하셨다. 그때는 매월 나오는 문제집이 있었다. 문제집 뒤에는 따로 답안지가 달려 있었고 선생님은 답안지를 다 뜯어 반납하게 하고 교무실에 보관을 해두어 다달이 문제집으로

시험을 보았다. 그리고 그 시험 본 등수대로 일등과 꼴찌가
짝꿍이 되게 자리를 배치했다.

공부하기 싫어했던 나는 매달 시험 보는 게 여간 스트레
스가 아니었다. 그래서 하교하기 전에 청소하는 시간이 있
었는데 그때 친구 두 명을 선택해 일을 꾸미기 시작했다.

"개똥아! 너 공부 잘하고 싶지? 근데 공부하기 싫지?"

"응! 그렇지!"

"그럼 너 이번 달부터 일등 자리 앉게 해줄게! 안 되겠다.
일등은 하지 마! 2등이나 3등 정도 해라. 선생님이 놀라시
니까"

"어떻게 하면 되는데?"

"아주 쉬워!"

다른 아이가 한마디 했다.

"근데 왜 우리한테 그러는데?"

"내가 다른 아이들한테 할 수도 있는데 너희를 선택한 건
너희가 날마다 꼴찌 자리만 맴돌아 앉으니까 너무 불쌍해
서 그런 거야, 동병상련 같은 거. 나와 동지로 느끼는 거지.
공부 잘해서 선생님한테 칭찬받고 싶지 않아?"

"그래 어서 방법을 말해봐!"

“지금 청소하고 있잖아. 너희가 창문 청소를 해!”

“그래서?”

“그리고 창문을 잠그지 마!”

“다 잠그지 마?”

“아니 다 열어두면 안 되지! 창문 하나만 고리를 잠그지 마! 내가 점검한다.”

모두 하교하고 선생님들은 퇴근했다. 우리는 해가 질 무렵 자전거를 타고 학교 뒷산 쪽으로 모였다. 그리고 사방을 살핀 뒤 자전거를 벽에 대고 자전거 위에 올라 잠그지 않았던 창문을 잡아 열었다. 그리고 교무실을 향해 ‘살금살금’ 걸어갔다. 근데 내가 깜박한 게 있었다. 교무실 문이 잠겼다는 걸 잊고 있었던 것이다. 하지만 이대로 포기할 수는 없었다. 그때는 감시카메라도 없었던 터라 잘 살펴보았더니 교무실 들어가는 문은 잠겨 있지만, 그 문 위에 작은 환기통 쪽문이 있었다. 옆에 있는 창문턱을 디딤돌로 삼아 손을 잡고 다리를 찢어 올려 그 작은 창문으로 기어 올라가 교무실 안쪽으로 ‘쿵’ 하고 뛰어내렸다. 가슴은 빠르게 뛰고 있었지만, 공부 잘하는 쪽에 앉을 수 있다는 걸로 위로하며 담임선생님의 책상을 찾아 걸어갔다. 근데 또 하나의 위기가 닥쳤다는 생각이 들었다.

'아차! 선생님 서랍이 잠겨있으면 어떡하지?'

그리고 서랍으로 다가서자 다행히도 서랍에는 열쇠가 잠 겨있지 않았다. 무사히 문제집 답안지를 찾아 뭉탱이 중 두 세 달 답안지를 꺼내 다시 쪽문으로 뛰어올라 밖으로 나왔 다. 그리고 학교를 빠져나와 아이들에게 말했다.

"자 이게 이번 달 답안지야. 답을 외워서 써! 답은 외울 수 있지?"

"응 알았어!"

"다 정답만 쓰지 말고 몇 개씩 틀리게 써야 돼!"

"꼭 그래야 돼?"

"그래야지 들통이 안 나지! 네가 꼴찌였다가 일등 하면 선생님이랑 아이들이 의심하니까 백 점 맞지 말고 몇 개는 틀리라고! 알았지?"

"응, 알았어!"

시험을 치르고 결과가 나와 등수대로 자리를 앉았다. 우 리는 꼴찌에서 1, 2, 3등에 자리하고 있었는데 그날 이후 자리를 옮겨 옆 1, 2, 3등 자리에 앉게 되었다. 나는 3등을 했 다. 그러나 나는 화가 나서 아이들을 화장실 뒤로 불렀다.

“야! 너 몇 개 틀리게 썼어? 너는 몇 개 틀렸어?”

“나는 백 점 맞았어.”

“야! 내가 몇 개 틀리라고 했잖아! 1, 2, 3등이 뭐야? 들통나면 어떻게 할라 그래? 의심하면 어쩔래? 네가 책임질 거야? 다음부터 절대 그러지 마라!”

아이들에게 단단히 훈련을 시키고 교실에 들어갔다. 아이들이 자리에 앉고 담임선생님이 들어와 나를 일으켜 세우며 말씀하셨다.

“요즘 내가 백로를 보는데 ‘어쩐지’ 했다!”

나는 가슴이 덜컹 내려앉았다.

‘선생님이 다 알아 버리신 건가?’

눈을 꼭 감고 계속되는 선생님의 말을 이어 들었다.

“그렇게 열심히 공부하더니 이렇게 성적이 오르다니. 너희들 백로를 본받아라! 이렇게 열심히 하면 되는 거야! 잘했다. 그래. 앉아!”

“휴~.”

첫 번째는 그렇게 말도 안 되는 칭찬으로 지나갔다. 그다음 시험을 본 뒤 또 아이들을 집합시켰다.

“너희들 이번에는 일등 아니지?”

"응 이번에는 몇 개 틀리게 적었어."

"근데 나는 답을 못 외워서 쪽지에 적어서 보면서 했어!
얼마나 떨리던지, 하지만 안 들켰어!"

"나도 못 외어서 책상에 적어놓고 했는데"

"야! 그러다가 들키면 어쩔라고? 너희들은 답을 줘도 못
외우냐?"

그렇게 있는데 다른 아이가 우리를 불렀다.

"너희 선생님이 오래!"

나는 물었다.

"왜?"

"너희는 큰일 났다. 개똥이 너 답 적어둔 거 네 짝꿍이
봤다고 선생님한테 일렀어! 아이들이 너희 시험 잘 봐서 이
상하다 의심해서 찾다가 답 적힌 거 발견했어!"

우린 교실로 들어가 어이없어하는 선생님의 표정을 봐야
했다. 그리고 매를 맞고 반성문을 써야 했다.

그 후로는 있는 그대로의 모습으로 선생님께 성적을 올
려드렸다.

15

섬김의
길을
보다

결혼식을 하고 한 달 정도 되어 퇴원했을 때였던가? 나에게는 동네 아저씨처럼 친숙하고 아빠처럼 허물없는 담임목사님이 나를 불렀다. 그리고 하얀 봉투를 꺼내 나에게 건넸다.

"이거 교회 집사님이 너 퇴원하면 주라고 해서 보관해 둔 거란다."

나는 놀라기도 하면서

'혹 목사님이 주신 거면서 내가 안 받을까 봐 전해준다고 하신 거 아니야?'

라고 생각할 때 나의 마음을 꿰뚫어 보는 듯

"너희 신혼여행 갔다 오라고 준 거야, 돈 없다고 다른 데 쓰지 말고 꼭 제주도 신혼여행 갔다 오라고 꼭 부탁하더라. 그리고 이름은 절대로 밝히지 말라고 했다."

그 말을 듣고야 정말 하나님이 이름 모를 그분께 주신 감동이라는 걸 알 수 있었다. 그 봉투 안에는 백만 원이 들어 있었다.

이것이 바로 오른손이 하는 걸 왼손이 모르게 하는 섬김인가? 15년이 지났지만, 지금까지도 누가 그랬는지 나는 모른다. 나는 갚을 수 없는 사랑을 받았다. 그럼 그 사랑의 빚을

백로의
천로역정

어떻게 보답하고 갚아야 하나 하는 생각을 하게 되었다.

그리고 나도 이분처럼 또 다른 청년이 결혼하면 말없이 섬겨야겠다는 마음을 먹었다. 그러나 그 큰 금액은 아니더라도 그 절반이라도 남몰래 섬긴다는 건 쉽지 않았다. 그럴수록 더욱 그때 그분의 섬김이 그날 내 손에 받았던 날에 감격보다도 비교도 안 되게 감사하고 그 섬김이 얼마나 값진 것이었다는 것을 시간이 흐를수록 더 느끼게 된다.

그런 마음이 몇 년이 지나도 마음 한쪽 구석에 계속 자리 잡고 있었다. 그러다 어느 날 교회 안에 결혼을 앞둔 한 쌍의 청년을 보고 내 마음속 깊이 감동이 왔다. 바로 이 청년들에게 섬겨야겠다고 생각했다. 그러나 생각처럼 쉽지 않았다. 아픈 몸을 끌고 일하며 남편을 책임지며 살아가는 나로서는 버거운 일이었다. 섬김보다 나 먼저 먹고사는 것에 허덕이고 있었다.

'섬길 수 있는 좋은 기회인데.'

'나는 이 정도밖에 안 되는구나'

라고 생각되어 하나님 앞에 무릎을 꿇어 흐느낄 수밖에 없었다. 그래서 그 청년들을 위해 작심 기도를 올려 드렸다. 밤마다 기도할 때면 그때 나의 상황과 형편이 비슷한 상황

중에 결혼을 준비하고 있는 듯한 그 청년을 생각하면 기도
를 안 할 수가 없었고 또한 그런 청년을 섬기지 못하는 연
약한 나를 보니 더욱 눈물이 났다. 왜 그리도 가슴이 아프
고 내가 죄인이 된 듯했던지 하나밖에 없는 내 자식새끼를
아무것도 해준 것 없이 내보내는 어미의 심정이라고 표현
하면 맞을 것 같다. 나는 가슴을 도려내듯이 아파하며 그
렇게 울다 아무것도 섬겨주지 못했고 그 청년들은 결혼식
을 올렸다.

그렇게 2년 정도 지났을까. 그 청년이 갑자기 암 말기 판
정을 받게 되었다. 돌이 아직 안 된 아들 하나 생명을 잉태
하고 그 아이를 대신 남겨두고 그 청년은 나보다 먼저 하늘
나라로 갔다. 그 청년은 큰 자였다.

백로의
천로역정

> 내가 진실로 너희에게 말하노니 여자가 낳은 자 중에 세
> 례 요한보다 큰 이가 일어남이 없도다 그러나 천국에서
> 는 극히 작은 자라도 그보다 크니라
>
> 마 11:11

16

구정물 속에 빠지다

결혼을 한 후에 주님은 사도행전 16장 말씀을 내 마음
안에 주셨다. 사도행전 16장 스토리를 보면 바울은 놀러
가는 것도 아니고 복음을 들고 비두니아로 가고자 준비했
다. 그러나 성령이 허락하지 않는다.

그리고 환상을 보고 마게도냐로 부르신 줄로 인정하고
방향을 바꾼다. 인간의 생각으로는 성령의 지시를 받으면
평탄한 길이 전개될 것이라는 생각을 하게 된다. 하지만 성
령의 음성을 듣고 순종했으나 그 순종의 길은 더 큰 고난
이었고 매를 맞으며 힘든 옥중생활을 해야만 했다.

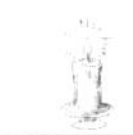

백로의
천로역정

나의 질병을 다 알고 있음에도 불구하고 일생을 함께하
겠노라고 결혼해준 남편이 나에게는 천사와 같았다. 분명

하늘이 맺어준 결혼이었다. 아내가 불치병인지 알고 결혼했으니 얼마나 고마운 일인가? 그동안 나 혼자 힘들게 일하며 살아왔다는 걸 알고 있는 남편 덕에 '이제 고생은 덜었구나.' 하는 생각에 안도의 한숨을 내쉴 수 있었다.

그런데 응답을 확실히 받고 결혼을 했지만 삶은 그렇게 평탄하지는 않았다. 남편은 똑 부러지게 주의 길을 가는 것도 아니었고 그렇다고 직장 생활을 하지도 않았으며 신앙은 흔들리고 있었다. 방값은 밀려가고 있었고 싸움은 잦아졌다.

싸울 때면 나도 모르게 남편이 하는 행동보다 더 강하게 해서 제압해야겠다는 생각에 선풍기, 밥통 가전제품들을 집어 던지기 시작했다. 청년 때는 가족에게 얻어맞으면서 교회 다녀도 그의 대한 미움이나 원망, 싸움도 하지 않았는데, 그래서 이 정도면 나의 믿음이 괜찮다고, 내면이 성화되었다고 생각했는데, 아빠가 어릴 적 가정에서 했던 것처럼 나도 모르는 나의 흉악함이 결혼해서야 드러나기 시작했다.

또한 경제적으로는 카드빚 때문에 빗발치는 전화와 사람이 집으로 찾아오는데 내 힘으로는 어떻게 감당할 수가 없었다.

　이런 상황에 아픈 몸을 끌고라도 일을 하지 않을 수 없었고 남편의 생계까지 책임져야만 했다. 대인 관계가 좋지 않아 사회생활에 적응을 잘하지 못하는 남편은 직장을 들어가도 고작 한 두어 달 일 하고 그만두기가 일쑤였다.

　아침에 일어나 손가락이 펴지지 않아 문고리를 잡을 수도 없었지만, 손을 겨우 펴가며 삐거덕거리는 다리를 부여잡고 계단을 오르내려 출퇴근해야만 했다. 약으로 인한 부작용으로 얼굴은 변형이 생기고 손은 울퉁불퉁 튀어나왔고 호흡은 점점 가빠졌다.

　몸의 통증들은 점점 육신의 일부분이 되어 익숙하게 살아가게 되었다.

울었다
젖은 눈이 또다시 젖었다
나의 미련함이
나의 나약함이
날 울렸다
심장 속에
큰 바윗돌 하나 넣어둔 듯
찾아오는 아픔이다.
사랑을 드려야 할 당신에게

상처만 드렸습니다.
정말 어리석습니다.
이런 날 아시는 예수님도
내가 찌르는 비수로
주홍빛 물들어가는 가슴팍을 휘어잡고서
손가락 사이로 삐져나오는
한 움큼에 핏덩어리를 보이시며
아프다는 말 한마디 없이
그저 가슴앓이만 한 채 애써 웃음 짓고서
날 향한 희망을 버리지 않으시고
내가 행복하기만을 바라시는 당신
당신은 내 마음속에 눈물이 되어 흐릅니다.
심장 속에 파고드는 돌처럼
– 2002년 어느 날 밤 백로의 글 중에서 –

예기치 못한 상황이 왔을 때 바울과 실라는 옥중에서 찬양을 올려 드렸다.

한밤중에 바울과 실라가 기도하고 하나님을 찬송하매 죄수들이 듣더라 이에 갑자기 큰 지진이 나서 옥터가 움직이고 문이 곧 다 열리며 모든 사람의 매인 것이 다 벗어 진지라

행 16:25-26

그리고 매인 것들이 벗어지고 문이 열린다. 그리고 그들은 도망가지 않는다. 하나님의 섭리를 기다린다. 옥을 지키던 간수장에게 복음을 전하고 살리고 간수장의 가정까지 그 집에 모든 사람에게 생명 살리는 복음을 전한다.

> 간수가 등불을 달라고 하며 뛰어들어가 무서워 떨며 바울과 실라 앞에 엎드리고 그들을 데리고 나가 이르되 선생들이여 내가 어떻게 하여야 구원을 받으리이까 하거늘 이르되 주 예수를 믿으라 그리하면 너와 네 집이 구원을 받으리라 하고 주의 말씀을 그 사람과 그 집에 있는 모든 사람에게 전하더라
>
> 행 16:29-32

그리고 다시 복음을 전하기 시작했던 루디아의 집으로 돌아와 위로하고 복음에 대해 다시 점검하고 또 다른 곳으로 떠난다.

하나님의 뜻이 평탄한 길만은 아니다. 가시와 엉겅퀴가 있는 고난의 길이기도 하다. 그 고난을 통해 나의 내면을 보게 하신다. 그리고 복음을 통해 영혼들을 살리신다. 바로 기꺼이 고난받기를 각오한 자를 통해 역사하신다.

예수님 안에 살아가는 데 있어서 고난엔 공짜가 없다. 삶의 쓴맛은 영의 보약이 된다. 그래서 고난이 더욱 유익인

것이다.

> 고난당한 것이 내게 유익이라 이로 말미암아 내가 주의
> 율례들을 배우게 되었나이다
>
> 시 119:71

정금을 만들기 위해 풀무 불에 단련한다. 온전한 순금을 만들기 위해서는 용매제를 넣어 뜨겁게 달구어야 한다. 뜨겁게 달구면 달굴수록 불순물이 분리되어 풀무불이 뜨거우면 더 뜨거울수록 깨끗한 정금, 최상품이 나오는 것이다.

> 그러나 내가 가는 길을 그가 아시나니 그가 나를 단련하
> 신 후에는 내가 순금 같이 되어 나오리라
>
> 욥 23:10

그러나 우리는 그 금보다도 더 귀한 존재로 만들어지는 것이다.

> 너희 믿음의 확실함은 불로 연단하여도 없어질 금보다 더
> 귀하여 예수 그리스도께서 나타나실 때에 칭찬과 영광
> 과 존귀를 얻게 할 것이니라
>
> 벧전 1:7

아브라함, 요셉, 야곱, 다윗, 욥, 베드로 많은 믿음의 선진들이 그 길을 걸었다.

무명한 자 같으나 유명한 자요 죽은 자 같으나 보라 우
리가 살아 있고 징계를 받는 자 같으나 죽임을 당하지
아니하고 근심하는 자 같으나 항상 기뻐하고 가난한 자
같으나 많은 사람을 부요하게 하고 아무 것도 없는 자 같
으나 모든 것을 가진 자로다

고후 6:9, 10

하나님은 남편을 통해 날 만드셨다. 그리고 그를 통해 복음을 가르쳐주셨다. 신랑이신 예수님과 신부 된 교회의 관계, 남편이 아내의 머리가 됨같이 그리스도께서 교회의 머리가 된 것, 이것이 예수 그리스도의 사랑의 성취다. 그 비밀이 크다. 이제 다 알게 되리라.

우리는 그 몸의 지체임이라 그러므로 사람이 부모를 떠
나 그의 아내와 합하여 그 둘이 한 육체가 될지니 이 비
밀이 크도다 나는 그리스도와 교회에 대하여 말하노라

엡 5:30-32

내가 먼저 내 안에 예수님의 마음을 품으며 아는 것이나 듣는 것뿐만 아니라 삶으로 살아낼 때 생명은 흘러가게 되어있다. 예수님의 진리 안에 서 있다면 문제는 더 이상 문제가 아니다.

남편을 주같이 섬기라고 하신 것을 알고는 있었지만, 마음 중심이 되지는 않았다. 어느 날 생각이 들어왔다. 남편

119

이 낮고 부족한 모습으로 나에게 오신 예수님이라는 생각
이 들면서

'그동안 예수님한테 무슨 짓을 한 것인가?'
라는 생각이 들었다. 난 무례히 행하는 못된 신부였다.

<blockquote>
사랑은 무례히 행치 아니하고

고전 13:5
</blockquote>

내가 아침에 출근할 때면 이불 속에서 뒹굴며 잠을 청하
고 있는 남편을 보면서

'내가 결혼을 잘못했지! 정말 잘못한 거지!'
하고 몇 번이나 후회하고 원망했는지 모른다. 그러다 몸
이 악화되면 병원에 입원하고 수술도 하고 다시 일어나 일
하기를 거듭 반복해야만 했다. 그렇다고 교회 봉사 활동이
나 기도 생활은 소홀히 하지도 않았다. 주님의 위로가 없으
면, 천국의 소망이 아니면, 내가 이 땅에서 숨을 쉬어야 할
이유가 없었기 때문이다.

그날도 여전히 남편은 코를 골며 사지가 널브러져 잠을
자고 있었다. 예전 같았으면

'이 무례한 것! 사지 멀쩡해서 이렇게 힘들어하며 아픈 여

편네를 일 보내고 잠이 오냐? 잠이 와?'

혀를 차며 분노와 미움이 가득했을 텐데 이날은 달랐다. 제자들과 배를 타고 가시면서 거친 풍랑이 일 때 한쪽 편에 주무시는 예수님의 모습이 연상되면서 남편을 향해

'아~ 주가 주무시는구나! 주님이 풍랑 중에 주무시는구나! 걱정 없구나. 풍랑을 잠잠하게 해 주시겠구나.'

하는 바보 같은 생각이 들었다.

'예수님은 거지의 모습으로도 오시고 왕따로도 오시고 나에겐 남편의 모습으로 오셨구나!'

라고도 생각했다.

이런 마음이 찾아왔을 때

'가정에 평화가 오고 남편을 사랑하는 마음이 생기겠구나!'

하는 생각이 들었다.

그러나 그것은 잠시였고 삶 가운데 남편의 흠을 보면 지적하고 말을 하다 보면 다툼이 나는 것이었다. 이러한 나의 모습 가운데 깨달은 것은 성경을 통해 예수님과 교회에 대해 말씀하실 때에 남편과 아내의 관계에 비유한 말씀이었다. 그리고 신랑 되신 예수님을 만날 때 흠 없게 보전되기

백로의
천로역정

를 원하신다는 것이다. 내 남편이기에, 내 사람이기 때문에 더욱 흠 없고 완전한 모습을 원하는 것처럼 신랑 되신 예수님 또한 신부 된 교회가 흠 없게 보전되기를 원하시는 것이다. 그래서 주님 다시 오실 때 거룩한 신부로 흠 없게 준비되길 원하신다.

> 자기 앞에 영광스러운 교회로 세우사 티나 주름 잡힌 것이나 이런 것들이 없이 거룩하고 흠이 없게 하려 하심이라 이와 같이 남편들도 자기 아내 사랑하기를 자기 자신과 같이 할지니 자기 아내를 사랑하는 자는 자기를 사랑하는 것이라
>
> 엡 5:27, 28

> 너희 마음을 굳건하게 하시고 우리 주 예수께서 그의 모든 성도와 함께 강림하실 때에 하나님 우리 아버지 앞에서 거룩함에 흠이 없게 하시기를 원하노라
>
> 살전 3:13

난 청년 때 내가 믿음이 좋은 사람이고 예수님이 언제 오시든지 준비된 신부인 줄로만 알았다. 의심할 여지가 없었다. 그러나 남편을 만남으로 내 안에 감추어 있었을 뿐이지 원래 있었던 본색이 드러나기 시작한 것이다.

나도 나를 몰랐던 모습에 놀랐지만 내 안에 없었던 것이 새롭게 생긴 것이 아니라 원래 자리 잡고 있던 죄성이 나와

는 완전 다른 성격과 성향, 10살이라는 세대 격차, O형과
AB형, 전라도와 경상도, 물과 기름, 낙타와 바늘귀같이 만
나게 하서서 드러나게 하신 것이다.

> 제자들이 그 말씀에 놀라는지라 예수께서 다시 대답하
> 여 이르시되 얘들아 하나님의 나라에 들어가기가 얼마
> 나 어려운지 낙타가 바늘귀로 나가는 것이 부자가 하나
> 님의 나라에 들어가는 것보다 쉬우니라 하시니 제자들
> 이 매우 놀라 서로 말하되 그런즉 누가 구원을 얻을 수
> 있는가 하니 예수께서 그들을 보시며 이르시되 사람으로
> 는 할 수 없으되 하나님으로로는 그렇지 아니하니 하나님
> 으로서는 다 하실 수 있느니라
>
> 막 10:24-27

백로의
천로역정

하나님으로서는 다 하실 수 있다.

17

내 생명을
대신

바꾸다

어느덧 육신의 아픔은 내 삶의 일부가 되어버린 듯했다.
아니 없으면 허전할 만큼 습관이 되어버렸는지도 모른다.

질병 때문에 2세 계획은 세울 수도 없었다. 하지만 나도
모르게 마음 한구석에 당연히 아기를 가질 수 있을 거라는
희망의 빛줄기가 자리 잡고 있었다.

그러나 하늘을 봐야 별을 딸 텐데 남편이 나에게 다가오
는 손길조차도 소름 끼칠 정도로 싫었다. 나는 여전히 남
편을 사랑하지 않고 있었다. 그때까지도 남편은 가장으로
해야 할 책임을 다하지 않았다.

그러다 어찌 된 일인지 10년 동안 그토록 소식 없던 아이
가 기적처럼 생겼다. 나에겐 너무도 신기한 일이었다. 너무
도 감사하고 감동스러운 일이었다. 나는 이번 기회를 통해
모처럼 안주인으로 집에서 쉴 수 있게 되길 바라는 마음에
일을 그만두었다. 10년 만에 가진 아이라 남편은 기쁨을
감추지 못했고 그동안 잠재하고 있던 가장으로서의 본능이
삶 가운데 솟아나는 듯했다.

하지만 여전히 남편은 일하지 않았고 생활은 힘들었다.
먹고 싶다고 다 먹을 수가 없었다. 시골에서 보내주신 쌀로
겨우 밥은 먹을 수 있었다. 그러나 간장에 비벼 먹어야 했

다. 시간이 지나면서 배는 점점 불러왔고 그러나 몸은 단백뇨가 빠져서 붓기 시작했다. 몸은 더 나빠지고 있는 것 같았지만, 비용 때문에 병원은 갈 수 없어 바보처럼 지켜보고만 있을 뿐이었다. 그러나 아기는 아주 건강하게 잘 자라고 있었다. 아기와 나의 건강을 위해 밤마다 작정 기도를 했다. 부은 다리로 애써 무릎을 꿇자면 찐빵처럼 납작하게 되어 기도를 하고 나면 부기가 너무 심해 음경이 남자 고환보다 더 크게 부었다. 그래도 멈출 수 없었던 것은 오직 하나님만이 나의 응답이고 소망이었기 때문에 쉬지 않고 부르짖었다.

'한 생명이 탄생한다는 것이 이렇게 기쁜 일이구나. 한 영혼이 하나님 품으로 돌아오는 것 또한 그렇겠구나.'

그런데 만 8개월이 되어가는데 갑자기 구토와 설사를 하고 코피가 수도꼭지에 물 틀어 놓은 것처럼 흘러내렸다. 당장 병원이라도 뛰어가야 했지만, 병원에 갈 형편이 되지 않았다.

이런 상황에 또다시 남편이 너무 원망스러웠다. 그건 곧 하나님께 원망하고 있는 것이었다. 내 입에서는 남편을 향해

"제발 일 좀 다니라고 나를 이렇게 죽이려고 결혼했냐!"

라고 외치며 하루가 멀다고 싸웠다. 남편과 싸우면서 소리 내어 울었다. 그때까지도 뱃속에 분명 남편의 아기가 있음에도 불구하고 내가 결혼했다는 사실이 믿기지 않았다. 아니 믿고 싶지 않았는지 모른다.

나와 하나님과의 관계에서 하나님이 없다 하며 부인했거나 믿음 생활을 게을리 한 것도 아닌데 내가 알지 못하는 뭔가 막혀 있는 듯했다. 내가 이렇게까지 힘들어하는 상황에도 남편이 꿈쩍하지도 않는다는 것과 그렇다고 이렇게까지 가정을 책임지지 않을 만큼 모진 성격은 아닌 사람인데 나의 인간적인 생각으로는 도저히 이해할 수 없고 말도 안 되는 상황이었다. 그러기에 더욱 내가 알지 못하는 뭔가 있다는 생각이 들었다. 그래서 더 기도하며 마음의 아픔도, 육신의 아픔도 꾹 참았다.

그러다 더 이상 도저히 참기가 힘들었다. 참을 힘도 의식도 잃어가고 있었다. 열이 나고 너무 심하게 부어서 이러다 아기한테 뭔 일 날 것 같다는 생각에 앞뒤 상황 생각할 수가 없었다.

나는 이미 지친 상태였고 온몸뿐만 아니라 눈과 얼굴은 마치 벌에 쏘인 것처럼 퉁퉁 부어 내 얼굴인지 알아보기 힘

든 상태였다. 나는 또다시 친숙한 응급실로 실려 갔다.

내 몰골을 본 의사는 물었다.

"지금 출산을 해야 아기한테 안전합니다. 근데 얼굴은 뭐 잘못 드셨습니까? 땅콩 같은 알레르기 있습니까?"

"아니요! 먹는 거에 알레르기는 하나도 없습니다. 난치병 '루프스'로 인해 단백뇨가 나와서 온몸이 부은 거예요."

"네? 담당 교수님 오시면 다시 말씀하시죠!"

코에 막혀 있던 솜을 빼면 여김 없이 피가 수돗물처럼 쏟아졌다. 다시 틀어막고 있을 때 교수가 왔다.

"초음파 보니까 아기는 아주 건강합니다. 제왕절개로 분만을 해야 산모도 아이도 살 수 있습니다. 내일이라도 수술합시다."

그래도 칠삭둥이보다 팔삭둥이가 낫지 않나 싶어

"교수님! 전 괜찮으니까요. 한 달만 더 배 안에 두고 있다가 출산할게요. 그래야 아기가 더 안전할 거 같은데요."

했지만,

"그렇게 배 안에 한 달 더 있는 것이 아기한테 더 좋지 않을 수 있습니다. 내일 빈 시간이 있으니 수술하시지요!"
라고 의사가 답했다. 그래서 다음 날 바로 제왕절개를 하여 출산했다. 아기는 780g으로 작게 태어났지만, 다행히도 정상적으로 출산했다. 그래도 빠른 출산으로 인해 인큐베이터로 들어갔고 나는 신장에 더 무리가 와서 중환자실로 옮겨 치료를 받아야 했다.

남편은 아기의 탄생에 기쁨을 감추지 못하고 동영상과 사진을 찍어 중환자실에 누워있는 나에게 보여주었다. 그 사진을 보니 아기가 너무도 보고 싶어 간호사를 호출해서

"저기요! 잠깐만 아기 좀 보고 오면 안 될까요?"

라며 아이를 보게 해달라고 간청했지만, 중환자실이라 허락을 해주지 않았다.

"안 됩니다. 여기는 중환자실이라 이곳에서는 침대 밑으로 내려올 수도 나갈 수도 없습니다."

"그래도 잠깐만 갔다가 올게요! 허락해주세요!"

"안 됩니다. 여기서 나가면 맘껏 볼 수 있으니까 조금만 더 있다가 좋아지면 보여 드릴게요."

그날따라 그런 답변을 한 간호사가 얼마나 원망스럽고 서럽던지 소리를 내어 '엉엉' 울었다. 그러고는 너무 보고파서 힘들었던지 가만히 누워있을 수가 없었다. 공항장애라고 표현하면 맞을까? 벽에 그림들이 보이고 몸에 붙어있는 것을

다 떼고 뛰쳐나가고 싶었다. 그래서 또다시 소리를 쳤다.

"나 여기서 내보내 주란 말이야!"

이번 중환자실은 중환자실 중 또 다른 방에 혼자 있는 곳이었다. 그러자 간호사는

"진정제 드릴게요! 진정하세요!"

하고 주사를 주입하고 떠났다. 소리를 지르다 지쳐 잠이 들고 아기가 태어난 지 셋째 날 밤, 신생아실에서 남편에게 가야 할 전화가 감추고 있던 내 핸드폰에 잘못 걸려왔다.

"한백로 아기 보호자입니까?"

"네! 그런데요!"

"아기가 위험할 수 있어 심폐소생술을 해야 합니다. 오늘 밤을 못 넘길 수도 있습니다."

라는 것이었다. 나는 곧장 남편에게 연락했다. 아기가 위험하다니 빨리 와달라고 전하고는 난 아무것도 할 수 없었다. 중환자실 천장만 바라본 채 보이지 않는 하나님께 기도드릴 뿐이었다.

'주신 이도 하나님이신데. 하나님! 아기가 건강하게 살 수 있게 해주세요!'

예수 그리스도 이름으로 선포하며 다행히도 그날 밤은

그렇게 지나갔다. 상황을 알 리 없는 친정 식구들과 교회 가족들에게서 수고했다며 축하의 메시지가 날아왔다.

출산 후 4일째 되는 날, 중환자실 간호사가

"아기를 보러 갈 수 있게 됐어요! 식사하시고 준비하세요!"

라고 말했다.

"네? 정말이요? 감사합니다."

나는 너무도 들떠 물수건으로 얼굴을 닦고서 준비하고 있는데 남편이 조급하게 다가와 간호사에게 다가가 무언가 말을 했다. 그러고는 나에게 다가와 입을 열어 말했다.

"백로야, 놀라지 마라. 정말로 놀래지 마! 혹시나 아기한테 무슨 일이 있더라도 혹시나 아기 얼굴 못 보더라도 놀래지 마라! 사실… 사실은 말이지…"

"왜? 간호사가 이제 아기 보러 가도 된다고 허락해줬어!"

"백로야! 어젯밤에 아기가 위험하다고 했던 날 밤에 영안실로 옮겨졌어. 내일 화장터로 가기로 했어"

"뭐라고? 거짓말! 내가 아기 보여 달라고 했잖아!"

나는 또다시 소리치며 울부짖었다.

"괜찮아? 백로야. 괜찮은 거지?"

남편은 상황을 토해내며 어렵게 입을 열어 설명해 주었다. 이젠 더 이상 눈물도 나지 않았다.

주일 새벽 내가 처음으로 출산한 아기! 내 뱃속에서 태동을 느끼며 교감을 나누었던 그 아기가 이 세상에 있지 않다는 사실을 알게 되었다.

'이렇게 아픔을 주면서까지 아이를 주시고 거둬가야 하셨나요?'

그 어떤 것으로도 표현할 수 없는 슬픔이 가슴 깊이 응어리가 되어 도저히, 도저히 밖으로 터져 나올 수조차 없이 아파해야만 했다. 남편 앞에서는 더욱 터트릴 수가 없었다.

'병신 같은 나를 만나서 당신에게까지 슬픔을 안겨주는구려'
라고 생각하니 너무도 미안하고 병든 내 모습이 그렇게 싫을 수가 없었다.

그 어린 것도 생명이라고 삼일장을 치르고 화장터로 보냈다. 아기 얼굴 한 번이라도 봤었더라면, 한 번이라도 내 품에 안아봤었더라면, 젖 한번 물려보지 못한 채, 내 손가락 끝으로 그 아이의 솜털 하나 만져보지 못하고 보내야만 했다.

나의 의도와는 아무 상관없이 나에게 아이를 달라고, 안 주시면 내가 죽겠노라고 하나님 앞에 매달린 것도 아니었건만, 하나님의 뜻과 계획이 있어 가장 적절한 때에 주신 선물이라 생각했는데, 설마 했던 일이 일어났다.

아이는 없는데 젖가슴에는 젖이 흘러나왔다. 흐르는 모유를 보며 얼마나 울었는지 모른다. 출산 후 몸은 더 악화되어 신장 투석을 하게 되었다.

'이런 아픔을 주시기까지 하나님의 더 큰 뜻과 계획이 있었으리라.'

세례요한이 태어날 때

> 너도 기뻐하고 즐거워할 것이요 많은 사람도 그의 태어남을 기뻐하리니 이는 그가 주 앞에 큰 자가 되며 포도주나 독한 술을 마시지 아니하며 모태로부터 성령의 충만함을 받아 이스라엘 자손을 주 곧 그들의 하나님께로 많이 돌아오게 하겠음이라
>
> 눅 1:14-16

라고 말씀하지 않으셨다면 광야에서 기쁘게 가난을 감당할 수 있었을까? 호의호식하며 살지 못하고 구원자 예수님이 오신다는 외침만 남을 뿐 목 베임을 당해 순교한 세례요한! 똑 부러지게 한 것도 없는데, 모세처럼 한민족을 구

백로의
천로역정

원한 것도 아니요, 다윗처럼 위대한 사람도 아니요, 죽은
자를 살린 것도 아니요, 단지 구질구질하게 살다가 죽을 때
도 비참하게 죽었을 뿐인데.

> 내가 진실로 너희에게 말하노니 여자가 낳은 자 중에 세
> 례 요한보다 큰 이가 일어남이 없도다
>
> 마 11:11

인류를 구원하기 위해 오신 예수님! 초라한 구유에 오신
것부터 세상의 이치와는 맞지 않았다. 그리스도이신 예수
님! 뭐든 다 하실 수 있는 분임에도 불구하고 잠잠히 죽으
시고 다시 사신 예수님! 이 사실이 어이없는 상황이 아닐
수 없다.

> 네가 내 눈에 보배롭고 존귀하며 내가 너를 사랑하였은
> 즉 내가 네 대신 사람들을 내어 주며 백성들이 네 생명
> 을 대신하리니
>
> 사 43:4

하나님 아버지!
저 힘들어요.
뭐가 힘든지 말하고 싶지 않아요
말하지 않아도 다 아시는 주님!
왜 이리 인생이 살 소망이 없나요

살고 싶지 않아요
그 누구하고도 말할 사람이 없고 아무도 없네
요
내 마음을 알아줄 사람도
이해해줄 사람도
듣고 싶어 하는 사람도 아무도 없어요
그래서 하나님 앞에 나왔잖아요
근데 주님도 말씀을 안 하시면 어떡해요.
그래도 듣고 계시죠?
보고 계시죠?
내가 죄를 미워하며
죄와 싸우는지
진심으로 주를 찾고 원하는지 보고 계시는군요
근데 제 안에 기쁨이 안 넘치는 건가요
웃음이 나오질 않아요
즐겁고 행복하길 원해요
나처럼 이렇게
힘들어하는 이들을 위로해주는 사람이 되고
싶어 했었죠
제가 그때
마음 중심으로 간절히 굳게 생각했었는데 잊고
있었네요
지금 제가 힘든 이 기분을 맛보니 깨달아지네

백로의
천로역정

요

그런 기도를 했던 것이 기억나네요

살고 싶지 않을 때

나의 진심을 이야기할 사람이 없을 때

주위에 아무도 없는 것처럼 느껴질 때

날 있는 그대로

순수하게 바라봐줄 사람을 찾을 때

정확한 이유도 모르겠지만 맘껏 울고 싶을 때

상처받고 찢어지는 가슴을 어떻게 해야 할지

모를 때

다시 오실 예수님을 만날 거룩한 신부에서 탈

락됐다고 느낄 때

위로해주고

마음을 같이 해주고

함께 동행해주고

하나님 아버지의 마음을 전하는 사람이 되길

원했죠

- 10년 만에 얻은 아이를 잃은 뒤에 백로의 글

중에서 -

전날에 너희가 빛을 받은 후에 고난의 큰 싸움을 견디어
낸 것을 생각하라 혹은 비방과 환난으로써 사람에게 구
경거리가 되고 혹은 이런 형편에 있는 자들과 사귀는 자
가 되었으니 너희가 갇힌 자를 동정하고 너희 소유를 빼
앗기는 것도 기쁘게 당한 것은 더 낫고 영구한 소유가 있
는 줄 앎이라 그러므로 너희 담대함을 버리지 말라 이것
이 큰 상을 얻게 하느니라 너희에게 인내가 필요함은 너
희가 하나님의 뜻을 행한 후에 약속하신 것을 받기 위함
이라 잠시 잠깐 후면 오실 이가 오시리니 지체하지 아니
하시리라 나의 의인은 믿음으로 말미암아 살리라 또한
뒤로 물러가면 내 마음이 그를 기뻐하지 아니하리라 하
셨느니라 우리는 뒤로 물러가 멸망할 자가 아니요 오직
영혼을 구원함에 이르는 믿음을 가진 자니라

히 10:32-39

백로의
천로역정

18

나의 내면을

보다

입원하기 전 밤 12시부터 3시까지 21일 동안 전 교인 3시간 작정 기도회가 있었다. 몸은 표현할 수 없이 아프고 힘들었지만 10년 만에 처음으로 좋지 않은 몸에 아기를 가진 거라 그냥 주저앉아 있을 수 없었다. 그래서 더욱 나와 아기를 위해 죽기 살기로 기도에 동참했다.

하지만 작정 기도 3일을 남겨두고 응급실로 실려 갔다. 만 7개월 만에 분만하고 아기는 삼 일 만에 하늘나라로 보냈다. 지병이 있었기 때문에 아기는 기대하지 않았다. 하지만 하나님은 생활력이 없는 남편을 이끌고 힘겹게 일하는 나를 궁휼히 여기시고 7개월 동안 아기를 주셨고 그 덕에 남편은 즐거움으로 모처럼 며칠이라도 직장생활을 하게 되었다.

임신을 못 하는 사람들은 나를 통해 더욱 희망의 빛줄기를 찾아갔다.

"백로도 하나님이 아이를 주셨는데 못 가질 사람 있겠어? 모두 백로를 보고 희망을 갖자고."

나 또한 평생 처음 느끼는 아기의 태동과 생명의 숨결을 느낄 수 있었다. 단 7개월이었지만 행복했다.

혹시나 10년 만에 가져서 하나님보다 아이가 우상이 되

백로의
천로역정

지 않을까, 혹 교만해지지는 않을까 하는 생각에 그 행복감 또한 절제하며 보냈다. 그러나 이러한 모든 일을 허락하신 것은 예수님의 거룩한 신부로 만들기 위한 하나님의 열심이었다.

이런 상황 속에서 은혜를 받고 나니

'이 몸 으스러져 죽어도 좋사오니 제가 남편 먹여 살리라고 하면 그렇게 하고 두만강을 건너 북한에 복음을 들고 가라 하시면 그렇게 하겠습니다. 아니면 팔레스타인으로 갈까요? 주님 보내만 주세요.'

라고 나를 온전히 내어드리며 고백했다.

그리고 주님께서는

'그래! 드디어 눈이 열렸구나. 가라! 거기서 복음을 전하다가 순교해라.'

라고 말씀하실 줄 알았다.

그러나 그 순간 주님은

'네가 이 땅에 존재하는 이유가 이런 저러한 사역이 아닌 네 남편 한 명 사랑하는 것이 너의 사명이고 존재 이유이고 그것이다라면 어떡하겠니?'

나를 너무도 잘 아시는 주님은 우리의 마음을 얼마나 잘

구슬리시는지 모른다. 난 지절거리는 주둥아리를 두 손으로 틀어막을 수밖에 없었다. 어릴 때부터

　'공산당은 싫어요!'

라고 외치며 10년 동안 웅변생활을 하며 시골 산자락을 오르내리며 연습해서인지 험악한 일을 도전하고 나의 몸을 불사르는 일은 나에게 있어서 너무도 자연스러운 일이었다. 성인이 되어서는 거의 10여 년 동안 산에 오르내리며 산 기도를 했다.

　죽기 살기로 달려드는 일은 내 성향상 그다지 힘든 일이 아니었다. 그냥 나를 그렇게 만들어 놓으셨다. 그런 나에게 남편 한 명만을 섬기는 일이 존재 이유이며, 사명이라고 생각하니 죽기보다도 싫은 일이었다. 내 안에 말할 수 없이 타오르는 열정은 통곡의 눈물이 되어 쏟아져 내릴 정도로 힘든 일이었다. 나의 전부를 내려놓는다는 것과 같았다. 그리고 그 주님의 질문에 아멘 할 수가 없었다. 주님 앞에 죽기를 각오하고 기도하며 내 눈에서 흐르던 눈물이 한순간에 쏙 들어가 버렸다.

　그렇게 할 수 없는 나를 주님이 이미 더 잘 알고 계셨다. 나의 답변을 기다리시는 주님이 느껴지는데 시간이 지체되

면 될수록 남편은 나를 더 힘들게 했다.

그러다 힘듦에 지쳐 혼자 침대 위에서 울며 말했다.

"주님, 사랑해야 하는 거 알아요. 그런데 안 돼요. 보기 싫어요. 할 수가 없어요."

주님께 사랑하는 마음을 부어달라고 간구하는 기도조차도 하지 못하고 있었다. 그때 또 말씀하셨다.

"네가 나와 원수였을 때, 네가 아직 죄인이었을 때, 나는 나의 가장 귀한 것을 너에게 주었다."

바로 예수 그리스도! 하나님 아버지 자신보다도 더 소중한 아들 예수님을 날 살리기 위해 죽이셨다.

치열한 내면 싸움을 치르고서야 하나님 앞에 거꾸러져 기도하게 되었다. 지금까지 하나님 앞에서 진실을 고스란히 내뱉지 않고 포장해서 기도를 드렸던가?

"저에게 이러한 열정을 주시지를 말지! 왜? 달라고도 하지 않은 핵폭탄 터지는 것 같은 마음을 주셔서 저를 힘들게 하시는 거에요? 흑흑흑"

"나의 힘으로는, 나의 마음으로는 남편을 사랑할 수가 없어요. 나라는 존재는 스스로 사랑할 수 없다는 걸 알았어요. 사랑할 수 있는 마음을 부어주세요!"

라고 진심 어린 기도를 드렸다.

내 안에 걷잡을 수 없이 타오르는 열정을 다 내려놓고 남편만을 사랑하고 섬기는 그 한 가지만 하라 하시면 그렇게 하겠노라고 그것 또한 당신이 나를 온전히 주장해달라고 말씀드렸다.

그리고서야 주님이 직접 일하기 시작했다. 주님이 마음을 부어주시고 환경을 바꿔주시길 시작했다.

내가 남편보다 더 잘할 수 있다는 교만한 마음이 남편의 권위를 거슬러 남편을 완전히 주도하려 했고 그럴수록 더욱 어긋나고 남편의 도움이 필요하지 않게 만든 원인이었다.

자녀에게 부모가 필요하듯이 아내는 더 연약한 그릇으로 남편이 필요하도록 만드셨고, 아내는 남편을 돕는 배필로 만드셨다.

그리고 하나님은 나를 더 약한 자로 만드셨다. 혈액투석을 하게 되었다. 일주일에 3번 죽음을 연습해 본다.

남편은 세상의 천일보다 성전의 하루를 더 즐거워하는 사람이었다. 결혼한 지 15년이 지나서야 남편을 알아가게 되었다. 이제는 성령 하나님이 없으면 살 수 없듯이 남편 또한 나에게 소중하고 필요한 사람이 되었다.

그리고 예수님이 우릴 위해 자신의 전부를 아낌없이 내어주신 사랑을 뒤따라 남편은 아내인 나의 약함을 통해 더욱 보호하고 사랑하도록 만드셨다.

한 사람과 또 다른 한 사람이 만나 남녀가 하나가 될 때 온전한 사람이 된다. 한문이 뜻하고 있는 한일(一) 하나와 또 하나의 한일(一)이 만나 사람인(人)이 된 것처럼 말이다.

예수님이 피를 흘리신다

내 대신 십자가를 지시고 가신다

침 뱉음과 무시와 조롱을 당하신다.

죄 하나도 없으신 분이

나를 대신해서 부끄러움을 지시고 높이 들리셨다

내 고난이 부끄럽구나

내 고난이 너무도 작구나

내 이 작은 목숨 하나 드리는 것도 부끄럽구나

어찌할꼬!

주님 앞에 내어드릴 아무것도 없구나

그 높고 위대하심에

엎드려져 잠잠할 수밖에 없구나

19

하나님이 정하신
권위를 배우다

이 죄인 주님께 드릴 것이 무엇인가 나의 어떤 것으로 하나님께 드릴까 고민하며 몸에 고열이 있는 중에도 병원 가야겠다는 생각은 나의 믿음에 있어서 사치라고 생각했다. 죽을 것같이 힘들고 피곤하면 더욱 산으로 갔다. 한밤중에 산 기도를 하다가도 차가운 빗줄기가 쏟아부어도 나의 믿음에 있어서 우산이나 모자를 쓰거나 비를 가릴 만한 무언가를 머리 위에 걸친다는 것은 생각도 할 수 없는 일이었다.

그러나 나의 어떠한 열심과 최선의 방법으로도 주님께 해드릴 수 있는 것은 아무것도 없다는 것을 알게 되었다. 내가 하려고 하면 할수록 더욱 하나님께는 방해가 되었고 생명을 살리는 일이 아닌 사망으로 달려가고 있음을 알게 되었다.

그래서 이로 인해 나는 뭔가를 할 수 있는 존재가 아니라 죽어야 하는 존재임을 알게 되고 나를 통해 하나님이 직접 일하시는 것이며 나로서는 실제 할 수 있는 것은 없고 있을 수도 없다는 것을 알게 된다.

그리고 어느 정도 영의 눈이 밝아지면 지체들을 판단하게 되었다. 권위자든 어떤 대상이든 상관없이 판단하게 되었다. 하나님께서 주시는 마음의 감동을 조금 받으면 받을

수록 교만해 있는 나의 마음이 더욱 드러나기 시작했다.

전에는 몰랐던 것이 율법을 깨닫고 나서는 더 죄인임을 알게 되었다.

> 전에 율법을 깨닫지 못했을 때에는 내가 살았더니 계명
> 이 이르매 죄는 살아나고 나는 죽었도다 생명에 이르게
> 할 그 계명이 내게 대하여 도리어 사망에 이르게 하는
> 것이 되었도다
>
> 롬 7:9, 10

그리고 때로는 나에게 허락하신 성령의 감동과 눈에 보이는 권위자의 목소리가 다를 때가 있다.

그때는 하나님이 나를 낮추시고 알려주고 싶은 메시지가 있기 때문이다. 이를 통해 더욱 성숙되고 순종하는 훈련이 되었다. 혹 그 순종의 내용이 하나님의 뜻과 맞지 않는 것이라면 그 책임이나 잘못은 그 권위자에게 있다.

> 그러나 그의 남편이 들은 지 얼마 후에 그것을 무효하게
> 하면 그가 아내의 죄를 담당할 것이니라 이는 여호와께
> 서 모세에게 명령하신 규례니 남편이 아내에게, 아버지
> 가 자기 집에 있는 어린 딸에 대한 것이니라
>
> 민 30:15, 16

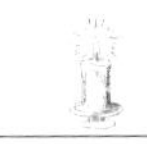

백로의
천로역정

백성은 제사장의 권위 안에 있고 자녀는 부모의 권위 안에 있고 아내는 남편의 권위 안에 있으며 직장에서는 상사의 권위 안에 학생은 교사의 권위 안에 있다.

민수기 12장에 보면 모세가 구스 여자를 취했을 때 형제인 미리암과 아론이 모세를 비방한 내용이 나온다. 하나님은 모세를 비방하는 미리암을 나병에 걸리게 하셨다. 이를 본 아론은 누이를 고쳐달라고 하나님께 직접 나가지 않고 영적 권위자인 모세에게 간구했고, 모세를 통해 하나님이 고쳐주셨다.

하나님은 권위라는 질서를 만들어 놓았다. 사람은 짐승들을 다스리도록 지으셨다. 자연 생태게 속에도, 사람과의 관계에서도 권위를 만들어 놓으셨다. 모든 만물이 하나님 권위 아래 있음을 알게 하시기 위함이다.

그리고 약한 자에게 더 오래 참으시는 것을 볼 수 있다. 출애굽 할 때 광야에서 모세보다 하나님과 친밀함이 없는 이스라엘 백성이 열 번 원망했을 때까지 참으셨다.

> 내 영광과 애굽과 광야에서 행한 내 이적을 보고서도 이 같이 열 번이나 나를 시험하고 내 목소리를 청종하지 아 니한 그 사람들은
>
> 민 14:22

그러나 권위자인 모세와 아론에게는 하나님과 친밀한 관계인 만큼 더 엄중하셨다.

므리바에서 하나님이 반석을 명하라고 하셨는데 거룩함을 나타내지 않고 반석을 두 번 쳤다고 모세와 아론은 가나안 땅에 들어가지 못하게 하셨다. 백성들처럼 열 번까지 봐주지 않으셨다.

롬 13:1

아무리 영의 세계를 들락거리고 하나님의 음성을 듣고 그 얼굴을 뵈었다고 하더라도 하나님이 세우신 권위에 순종하며 하나님 앞에 나아가야 함을 깨닫게 된다. 미리암과 아론이

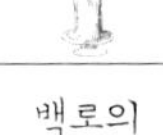

백로의
천로역정

'하나님이 모세와만 말씀하느냐 우리하고도 성령님이 대화하지 않냐'

'나도 환상도 보고 주님의 음성을 듣는다.'

하며 비방할 때 모세는 가만 있었으나 하나님이 먼저 개입하셨다. 그리고 하나님이 미리암과 아론에게 말씀하신다.

모세와는 그렇지 아니하니

민 12:7

모세와는 다른 관계란 것이다.

그와는 내가 대면하여 명백히 말하고 은밀한 말로 하지
아니하며 그는 또 여호와의 형상을 보거늘 너희가 어찌
하여 내 종 모세 비방하기를 두려워하지 아니하느냐

민 12:8

사무엘이 권위자 엘리 제사장처럼 무능하고 하나님과의 관계가 나보다도 친밀하지 않는 권위라 할지라도 그 권위를 세우신 하나님이 하셨음을 인정한 것처럼 하나님을 신뢰하고 믿어야 한다.

혹여나 권위자에게 선하지 않은 모습이 보였을 때는 권위자에게 말해야 하는지, 말하지 말아야 하는지도 하나님 앞에 한 번 더 물어보고 행해야 하지만 대부분의 경우 권위자를 위해 더 기도하라고 하나님이 보이신 것이라는 것을 알게 되었다.

노아의 세 명의 아들 중에 함과 같이 다른 사람에게 누설하는 것은 더더욱 옳은 방법이 아니다.

남편과 함께 교회 기도회를 참석하는 어느 날이었다. 함

150

게 자리에 앉을 때면 내가 의자 안쪽에 앉고 남편이 통로 쪽에 앉는다. 꼭 약속한 건 아닌데 그렇게 앉는다. 그날은 머리를 대충 감고 화장도 전혀 하지 않고 기도회에 참석했다. 그날도 여느 때와 같이 의자에 앉으려고 하는데

'찬양이 시작되면 앞으로 나가야 한다'

라는 마음의 소리가 들렸다.

'화장도 안 했는데 이런 모습으로 사람들 앞에 어떻게 나가요?'

하며 마음으로 말을 했다.

그때 남편은 우둑하니 서 있는 나에게 안쪽으로 들어가 앉으라고 했다. 그러자 나는 아니라고 고개를 흔들며

"안 들어갈 거야! 오늘은 내가 통로 쪽에 앉아야 해!"

라고 했다. 그래도 남편은 계속 안쪽으로 앉으라고 권유했다. 그래도 주님이 내 안에서 말씀하신 게 있었기에 끝까지

"안 된다니까 내가 통로에 앉아야 해! 있다가 나가야해!"

라고 고집했다. 남편은 그러는 나에게 계속해서

"그래도 안에 앉아!"

라고 말했다.

점점 기도시간은 다가왔고 악기 소리가 들려오고 있었

다. 남편과 실랑이 끝에 내 고집으로 남편이 안쪽에 앉고 내가 통로 쪽에 앉았다.

그러자 찬양인도자가 내 옆을 지나가며 율동을 해달라고 부탁을 했다. 그래도 주님이 미리 알려주서서 그렇게까지 당황하지 않고 준비되지 않은 그대로의 자연산 외모를 하고 앞으로 나가 율동을 했다.

그리고 찬양이 끝나고 자리에 앉는데 남편 앞에 내 자신이 의기양양해졌다. 말은 하지 않았지만 속으로

'그것 봐! 내가 앞에 나가야 한다고 했잖아! 내 말이 맞지? 흥! 칫! 뿡!'

하며 남편에게 곁눈질을 하는데 내 안의 주님이

'이럴 땐 남편 말대로 안쪽으로 들어가서 앉는 것이 권위에 순종하는 것이란다.'

라고 하셨다. 잘난 척하고 있던 나의 마음이 들통 나서 부끄러웠다.

맞다. 주님은 앞으로 나가게 될 거라고 알려주셨지 통로 쪽에 앉으라고 하신 것이 아니었다. 주님이 앞으로 나갈 것을 미리 알려주신 것은 앞으로 나가야 할 상황임을 알고 있음에도 불구하고 남편의 권위에 순종하는 걸 가르쳐주시

길 원하셨다.

　세상의 모든 권위가 하나님으로부터 났다. 권위의 질서를 정하신 것은 그 권위를 통해서 에덴동산에 있는 선악과처럼 하나님의 권위를 알게 되고 그 권위 아래로 들어가야 안전하고 보호를 받을 수 있기 때문이다.

백로의
천로역정

20

고난의
길에서
만나다

루프스 합병증으로 또다시 병원에 입원했을 때 5인실 병실에서의 만남이다.

그는 무척이나 거동이 불편해 보였다. 다리도 팔도 관절 하나하나 마음의 의도대로 움직여지지 않아 곧은 허리와 다리로 몸을 이끌어 거동하고 있었다. 하지만 그 얼굴은 그 누구도 빼앗을 수 없는 평안한 미소를 늘 머금고 있었다. 그는 사회생활 속에서 지식인이었지만 지독한 류머티스 관절염으로 사회생활을 할 수 없게 되었다. 국가적으로도 큰 손실이라고 할 정도로 그냥 병상에 있기에는 한없이 아까운 인물이었다.

또 병실 한쪽 구석에 자신도 모르게 흐르는 눈물을 주체할 수 없어 흐느끼는 한 여인을 만났다. 나와 같은 루프스를 앓고 있었다. 이번에 세 번째 아기를 가졌지만 모두 다 조산을 했고 이번에는 7개월 만에 조산을 했으나, 아기는 태어나자마자 사망하고 말았다고 한다. 대를 이어 가는 것을 아주 중하게 여기는 시댁에서는 대를 잇지 못한다는 이유로 너무도 사랑하고 있는 남편과 헤어져야 하는 상황이었다.

그녀는 말했다.

백로의
천로역정

“내가 이런 병이 있는 줄 알았더라면 애초부터 결혼하지도 않았을 거예요. 근데 시댁에서는 병이 있다는 사실을 속이고 결혼했다고 해요. 그래서 대리모도 생각해보고 했는데 이번에 퇴원하면 이혼을 하게 될 거예요.”

병실에 입원해서 보면 모두가 아픔을 품고 있다. 그리고 그 아픔을 앓은 사람들이 또다시 위로자가 되어 침상 옆을 지키고 있었다. 병문안 오는 사람들도 거동이 불편해서 지팡이로 지탱하며 절뚝거리며 옆자리에 앉아 위로의 말을 전한다. 간병하는 이들 또한 생각하고 싶지 않은 아픔을 겪은 사람들이다. 암으로 투병 중인 남편을 보내고 자녀 없이 홀로 지내다 자신 또한 유방암으로 가슴을 절개하고 안정을 찾은 뒤 지긋지긋할 것 같은 병실로 다시 찾아와 위로자가 되어 간병하는 사람들이었다.

이번에 입원 치료하면서 발견한 것이 있다. 대부분의 환자들이 그리스도인이라는 점이다. 그냥 대충 신앙생활 하는 사람이 아니라 신실한 믿음의 사람들이었다. 기도와 말씀으로 무장되어있었고 교회 봉사활동도 게을리하지 않는 사람들이었다. 성령 체험도 있고 하나님의 영감과 감동을 받는 믿음의 사람들이었다.

그런데 그들이 특별히 아픔을 안고 병실에 누워 있었다. 예수님 오실 때가 멀지 않았다. 그것과 이것이 무슨 연관이 있느냐고 묻는다면, 주님 오실 때가 가까운 이 마지막 때에 하나님은 더 신실한 믿음을 원하시고, 찾으시고, 더 견고하게 서게 하기 위해 단련하신다라고 답해야겠다. 신부! 주님 오심을 기다리는 거룩한 신부는 마음만 먹는다고 만들어지는 것이 아니기 때문이다. 마지막 때에 알곡과 쭉정이를 갈라내어 확실한 천국 백성을 갈라내는 작업을 하시는 듯하다.

그리고 하나님은 이런 상황에서도 역사하심을 보게 된다. 육신의 장애는 있으나 그래도 심령의 건강을 주서서 마음의 아픔으로 인해 걷잡을 수 없는 사람들을 위해 함께 아파해주고 살아계신 하나님 앞에 기도해 줄 수 있다. 그리고 육신의 아픔 중에도 마음이 병든 자들을 위해 그들을 위로자로 부르셨다.

> 사람의 심령은 그의 병을 능히 이기려니와 심령이 상하면 그것을 누가 일으키겠느냐
>
> 잠 18:14

21

질병을 통해

열방을

보다

나는 자가 면역 질환인 루푸스(systemic lupuserythematosus : SLE)라는 병에 걸렸다는 진단을 받았다.

'하나님! 저에게 왜 이런 희귀병을 주셨나요?'

사도 바울이 기도했던 것처럼 혹여나 사단이 준 거라면 물리쳐야겠다는 생각에 작정 기도하고, 회개하고, 금식하고, 하루에도 몇 번씩 예수 이름으로 내쫓고 선포했다. 혹여나 사람과의 관계가 막혔나 하고 찾아가 용서를 구하고 아님, 혹여나 나의 열심이 부족한가 하여 기도하고 금식하기를 반복했다.

그러던 중 대통령 선거를 앞두고 조국을 위해 기도하던 때에 내 안에서 주님의 마음이 느껴졌다.

'한국 교회가 루프스를 앓고 있다. 그리고 이 민족과 열방이 그러하다. 내가 너의 몸처럼 이들에게 면역 억제제를 투여하랴?'

그리고 나의 가정도 그렇다는 것을 알게 되었다.

먼저 루프스에 대해 간단히 설명하면 이렇다.

피는 백혈구 적혈구 혈소판으로 되어있다. 그리고 그 피들은 혈관이라는 고속도로를 통해 온몸을 다닌다. 혈관의 길이는 약 10만km 정도 된다고 한다. 더 알기 쉽게 말하자

면 지구 두 바퀴 반 정도 돌릴 수 있는 엄청난 길이이다.

혈액 성분 중 적혈구는 몸 구석구석에 산소를 운반하는 역할을 한다. 그러다 자신의 사명을 다 하면 아무런 군소리 없이 생을 마감한다. 마치 열방을 복음 들고 다니는 선교사 같다.

그리고 백혈구의 역할은 몸에 어떠한 해로운 병균이 들어오면 적과 싸워 몸을 보호하는 것이다.

"백혈구! 집합하라! 일동 차렷! 지금 외부에서 적이 침투했다는 정보를 입수했다. 모두 정신 차리고 적군과 피 흘리기까지 싸우도록 한다."

"알겠습니다. 충성!!"

그 백혈구들은 온몸에 들어오는 세균의 종류에 따라 임무가 다르다. 말하자면 육군, 해군 특수부대처럼 상황에 따라 각각의 역할이 다르다. 하지만 그 멋진 군사로 지음받은 백혈구도 성숙하지 않은 어린 백혈구가 비정상적으로 많이 증식하면 오히려 질병에 걸리는데 미숙한 백혈구가 전쟁터로 나오게 되면 심지어 사망에 이르기도 한다.

"백혈구들이여! 적을 공격하라!"

"백혈구 대장님! 너무 힘들어요! 엄마 보고 싶어요! 집에 갈래요! 흑흑흑."

"대장님! 저도 못 싸우겠어요! 우유 먹고 싶어요!"

"대장님! 저도 못해요! 똥 쌌어요! 기저귀 갈아주세요!"

이러한 질병을 우리는 백혈병이라고 한다.

공기 중에 수많은 무섭고 끔찍한 많은 바이러스가 호흡
기를 통해 들어오지만, 정상적인 사람은 누구나 백혈구를
통해 그 균을 이길 수 있는 항체가 몸 안에 생긴다.

"히히히, 우리의 임무는 균을 번식해서 이 몸을 죽이는
것이다. 임무를 실시하라!"

마치 균은 우리의 영을 공격하는 사단 마귀 같다.

"항체들아, 응답하라! 적군이 나타났다! 일동 연합하여
공격하라!"

"적군이 너무 강합니다. 백혈구들이 죽어가고 있습니다.
이대로는 패배할 것 같습니다."

"그렇다면 통신병! 외부에 도움을 요청하라!"

"네, 알겠습니다. 항생제를 투여하도록 즉각 도움 요청하
겠습니다."

혈액 검사를 통해 백혈구 수치가 올라감에 따라 몸에 감
염된 수치를 확인할 수 있다. 그리고 그 백혈구로 되어있는

백로의
천로역정

항체가 못 이기면 열이 나거나 병에 걸린다. 그러면 항생제를 투여하여 싸울 군사를 투입한다. 항생제는 우리를 도우라고 지음받은 천사들 같다.

그러나 이와 반대로 외부에서 적군이 들어오면 그 적군과 맞서 싸울 백혈구가 생기는 것이 당연한데 정상수치와 비교해서 현저히 백혈구 수치가 떨어지는 경우가 있다. 여러 이유가 있겠지만 그중 한 가지 이유는 적군과 싸워야 할 백혈구가 아군인 백혈구끼리 전투를 치르기 때문이다.

"내 손에 걸리면 다 죽는다. 아군이고 적군이고 다 필요 없어! 나 말고는 다 적이다. 죽어라. 얏 얏 얏!"

이것이 바로 루프스다.

적군이 몸으로 들어올 때 적군과 싸워야 할 항체가 적군뿐만 아니라 아군과 적군을 구분 못 하고 무작위로 공격하는 것이다. 그래서 머리부터 발끝까지 혈액이 흐르는 모든 곳에 공격할 태세를 갖추고 있다. 자기 몸을 자기가 스스로 죽이는 것이다.

그렇게 되면 병원에서 처방되는 약은 아예 적군도 아군도 죽이지 못하도록 군사의 힘을 떨어뜨리는 약을 처방하게 되는 그것은 바로 면역억제제이다.

적군과 싸우기 위해서는 방어하고 긴장을 하며 전투태세를 갖추어야 하는데, 문제는 아군! 같은 편이라 경계태세를 해제하고 의심하지 않으며 먹고 자고 함께 훈련은 받는데 같은 편에서 공격하면 그 개인이나 군대는 적군이 공격한 것보다도 더 확실하고 분명하게 죽음을 맛보게 된다.

안타깝게도 적군의 공격으로 망하는 것이 아니라 같은 편에게 공격을 받아 멸망하고 만다.

연합해야 할 나라가 내부에서 시기하고 분열하며 싸우느라 적군의 점령지는 더 넓혀져 가고 있는 것도 모르는 채 아군의 기지를 무너지게 한다.

강하고 혹한 훈련으로 단단한 근력을 만들어놨는데도 불구하고 매일 기도하고, 말씀 보고 제자훈련 받고 온 열방을 다니며 떠들썩하게 선교할 힘은 있는데 적과 싸워보지도 못하고 내부의 싸움으로 패배하고 마는 것이다.

일반 사람들은 면역을 강화하기 위해 좋은 식품과 영양제를 먹지만, 이 질병은 반대로 면역을 떨어뜨리는 약을 복용한다.

그리고 내 안에

'열방을 구원하기 위해 이스라엘이 버림받은 것처럼 한반

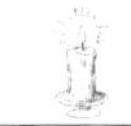

도를 살리기 위해 북한을 희생제물이 된 것은 아닌가? 이스라엘의 버림받음을 통해 이방인을 구원하고 회복된 이방인을 통해 이스라엘을 구원하신다.'

라는 주님의 마음이 부어졌다.

그리고 이러한 것들이 내 안에서 들려왔다.

'네가 이스라엘이다.'

'지체 안에서 가장 나약해 보이는 그 사람이 바로 그 공동체를 살리기 위한 이스라엘이다. 인류를 살리기 위해 예수라는 깨끗한 제물이 필요했듯이 말이다.'

'한반도가 연합되어 열방으로 나아가야 할 사명을 잊지 말아야 한다. 한·중·일이 연합해야 하는 이유도 여기에 있다. 선지자들을 통하여 말한 대로 내 뜻을 이룰 것이다'

'나라와 공동체 안에 그리고 가정 안에서, 삶 가운데 희생의 제물이 필요하다.'

'제물은 살아있지 않다. 죽는다. 살아있지만 죽은 자로 산다.'

22

땅에서 푸는 법을 배우다

세상살이 속에 사람에게 보여지는 것을 의식하지 않고 살 수는 없다. 그래서 육적인 가난을 해결 받는 것도 중요하고 필요하다. 그러나 그 이전에 이러한 것보다 더욱 중요하고 생명이 걸린 것이 있다. 영원한 것, 근본적인 것, 바로 영적인 가난이다.

어느 날 머리를 하기 위해 미용실에 갔다. 내가 원하는 스타일을 말하고 자르기 시작했다. 그런데 단발머리였던 머리를 짧은 컷으로 자르고 있는 것이다. 마음이 언짢아서 낮은 목소리로 퉁명스럽게 말했다.

"이렇게 짧게 자르면 어떡해요? 언제 내가 이렇게 짧게 해 달라고 그랬어요? 이게 뭐예요?"

하고 인상을 썼다. 그 직원이 말했다.

"너무 짧아요? 제가 잘못 들었나 봐요!"

그러고 마저 마무리하는 것이다. 너무 화가 나서 짜증을 내고 투덜거리며 계산대로 갔다.

"이게 뭐예요? 짧은 거 싫은데…. 단발머리를 내가 언제 컷으로 잘라달라고 했냐고요? 진짜 맘에 안 드네…"

그랬더니 직원은 죄송하다며 돈을 안 받겠다고 하는 것이다. 그 말조차도 화가 났다. 그래서 끝까지 억지로 비용을 지불했다.

왜 그런지, 미용실 문을 나오는 길에 눈물이 났다. 처음에는 화가 나서 눈물이 났는데 나중에는 이런 것 때문에 울고 있는 나 자신 때문에 울었다.

그리고 주님께 물었다.

'머리가 뭐에요? 선머슴도 아니고 왜 이렇게 자르게 하셨어요?'

투덜거리는데 주님은 내가 미용실 직원처럼 나 또한 성령의 음성을 무시하고 내 생각으로 가득 차 있어서 잘못 듣고 행하는 오류를 범치 말라는 깨달음과 함께 하나님은 외모를 보시지 않는다는 마음을 주셨다.

머리카락 자르는 것 하나 마음 다스리지 못하는 내 모습에 더 속상했다. 아직까지도 예수님의 감정이 아닌 나의 감정이 나를 울리는 것에 더 속상했다. 그리고는 길거리에 서서 갈라디아서 2장 20절을 꼭꼭 씹으며

'내! 가! 그! 리! 스! 도! 와! 함! 께! 십자가에 못 박혔나니 그런즉 이제는 내가 사는 것이 아니요 오직 내 안에 그리스도께서 사시는 것이라 이제 내가 육체 가운데 사는 것은 나를 사랑하사 나를 위하여 자기 자신을 버리신 하나님

의 아들을 믿는 믿음 안에서 사는 것이라'

몇 번이나 가슴팍에 되새김질하며 울었다.

그리고 다음 날 일어나 머리를 감고 거울을 보는데 어제와는 사뭇 다르게 느껴지면서 머리가 세련되고 예뻐 보였다. 그러면서 어제 미용실 직원에게 화냈던 일이 떠오르면서 미안한 마음이 들었다. 머리는 어제나 오늘이나 똑같은데 하나님이 나의 마음을 바꿔주셨다. 하루 이틀 기도하는 시간마다 그 미용실 직원이 떠올랐다.

내 안의 성령님이 불편해하시는 것 같았다. 안 되겠다 싶어서 피자 한 판을 사서 그 미용실을 찾아갔다.

"저… 얼마 전에…."

말을 다 건네기도 전에

"네! 안녕하세요? 그때는 죄송해요"

라고 말하는데 날 기억하고 있었다. 그래서 나의 진심을 말했다.

"아니요. 그게 아니라 제가 죄송해요. 제가 화를 내서 너무 죄송해서 사과하려고 왔어요. 너무 예쁘게 잘해주셨는데 제가 미안해요"

하고 용서를 구하고 오는 길에 그 직원에게 사과했지만,

주님과 잘못된 관계가 풀어지는 느낌이었다. 그리고 내 마
음에 희락의 영이 찾아왔다.

내가 천국 열쇠를 네게 주리니 네가 땅에서 무엇이든지
매면 하늘에서도 매일 것이요 네가 땅에서 무엇이든지
풀면 하늘에서도 풀리리라 하시고

마 16:19

이렇게 하면 기뻐하시겠지

죽기 살기로 발버둥 치며

나의 최고의 열심을 드리는 나에게

그 어떤 열심보다

마음의 중심을 원하신다 하십니다.

죄 짓지 않으려고 힘쓰고 애써 봅니다.

혹여나 주님과 멀어질까 봐 전전 긍긍하며

먹는 거, 자는 거, 입는 거 줄여가며 달리는 나에게

사람이란

존재가 머리부터 발끝까지 죄인이라 하십니다.

그래서 예수님이 필요하다고

그래야 예수로만 살 수 있다고

행함으로 의롭다 할 수 없다고

누구도 자랑하지 못하게 하심이라고…

복음을 만나면 마음으로 믿어 행함으로 살아내는

거라고…

23

한반도를 향해 눈을

들다

나는 유대인으로 길리기아 다소에서 났고 이 성에서 자
라 가말리엘의 문하에서 우리 조상들의 율법의 엄한 교
훈을 받았고 오늘 너희 모든 사람처럼 하나님께 대하여
열심하는 자라

행 22:3

사도 바울은 하나님에 대해 열심 있는 자였다. 그러나 나로부터 시작되는 열심은 하나님과 상관없는 열심이다.

그러나 하나님에 대한 그 열심을 내게 하신 것도 하나님의 섭리 안에 있음을 보게 된다. 아니, 나의 열심이 고갈될 때까지 하나님은 침묵하고 기다리고 계시는지도 모른다.

나는 가망 없는 자인 것을 철저히 알게 하시고 나의 열심의 끝이 죽음이라는 것을 실제로 알게 하신다.

바울은 자신이 믿고 있는 하나님이 확실한 진리인 줄로 착각하고 이쪽저쪽을 다니며 사람을 죽이기까지 열심을 내는 자였다. 나로부터 나오는 열심이 이런 것이다.

북한을 기도하면서 남한과 북한의 구원에 대해 생각하게 된다. 그러다 남북이 같은 영적 상태임을 알게 된다. 그리고 인류가 같은 영적 상황 속에 있다는 것도 알게 된다. 교회가 많고 기독교가 열려 있는 것과 상관없이 동일하게 영적 전투 가운데 살아가고 있다. 교회를 다닌다고 해서, 또는 예수를 아는 것만으로 구원을 받는 것도 아니다.

북한의 지하교회 성도들, 그 숫자가 남한에 비해 얼마 되지는 않지만 죽지 못해 거우 살아가는 강제수용소에 들어갈 위험 속에서도, 그리고 굶주림과 가난 속에서도 믿음을 지키는 자들이 있다. 남한 교회는 세상의 풍요로움 가운데 있지만, 거주 비용, 자녀 교육비 등을 충당하고자 조금이라도 더 벌기 위하여 분주해지는 일상에서 믿음을 지켜야 하는 상황은 어찌 보면 북한이나 남한이나 다를 바가 없는 것이다. 내면 깊은 곳에는 하나님이 아닌 자기 자신을 우상으로 섬기고 있는 자아숭배자와 김일성 주체사상자나, 오지에 미전도 종족이 신령을 숭배하는 것이나, 결국 인류는 모두 똑같은 상황 속에 있다. 부하냐 가난하냐의 정도가 동정을 받아야 하는 기준이 아니라 예수 생명이 있느냐 없느냐의 차이가 동정을 받아야 하는 차이를 만든다.

사단은 악함으로 일을 하지만 하나님은 악을 통해서도 선을 이루신다. 북한은 김일성 주체사상으로 사로잡혀있어서 오히려 남한처럼 프리메이슨의 영향을 받지 않고 있음을 알게 된다. 지금 이 마지막 때를 위해 북한은 분단이란 아픔 가운데 열방을 향한 하나님의 계획을 튼실하게 수행

하고 있는지도 모른다. 우리는 무작정 통일이 목적이 아니다. 마지막 한 명! 마지막 '이방인의 수가 차기까지'

형제들아 너희가 스스로 지혜 있다 하면서 이 신비를 너희가 모르기를 내가 원하지 아니하노니 이 신비는 이방인의 충만한 수가 들어오기까지 이스라엘의 더러는 우둔하게 된 것이라

롬 11:25

영혼 구원에 있다.

어느 날 특집으로 방영된 TV 방송을 본 적 있다. 7살 된 꽃 제비를 탈북시키는 과정에 대한 내용이었다. 먹을 것을 찾아 쓰레기장을 이리저리 다니며 겨우 찾아 먹으려 하면 나이가 한두 살 더 많은 또 다른 꽃제비 형들에게 얻어맞고 뺏기고 잠잘 곳도 먹을 것도 없는 곳에서 추위에 떨며 울고 있는 모습을 담은, 어느 선교단체가 제작한 영상이었다.

급기야 이 선교단체는 그 아이를 위해 구출 작전에 나섰다. 선교사가 그 아이를 만났을 때는 열이 펄펄 끓고 있었고 배는 어떤 병 때문인지 불룩하게 부어있었다. 얼핏 육안으로만 봐도 아파 보이는데, 선교사님이 그 아이의 이마에 손을 대며

"열이 많이 나는데, 많이 아프지?"

하고 물었다.

하지만 그 아이는

"아니요! 안 아파요."

라고 고개를 흔들며 답변했다.

그 아이는 자신이 아프다는 것조차 모르고 있었다. 아니 아마도 아픈 것이 뭔지, 아프다는 것이 어느 정도에서 아프다고 표현하는 것인지조차 알지 못하고 있었다.

몸 이곳저곳엔 상처 자국들이 있었다. 부모도 가족도 없었다. 그 누구에게도 위로를 받아보거나 아프다고 칭얼거려 본 적이 하나 없는 그런 아이였다.

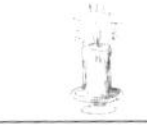

산 넘고 물 건너 겨우 이래저래 대한민국 남한 땅까지 왔다.

남한 땅으로 와서 같은 처지의 다른 이주민 아이들과 가족으로 함께 지내고 따듯한 집과 좋은 옷, 그리고 북한에 비하면 풍부한 음식과 휘황찬란하게 보기 좋은 것들 속에 지내고 있었다.

그러나 그 어린 것이 죽고 싶다며 높은 건물의 창밖으로 손과 발을 걸쳐 놓은 채 몸 절반을 창밖으로 향하고 울고 있었다. 그런 아이의 마음을 아는 듯 하늘에서는 비가 내려 그 아이의 등과 머리를 적시고 있었다.

그리고 그 후 선교사님이 그 아이의 마음을 조금이나마 달래기 위해 휴전선 너머로 북한이 보이는 곳으로 데려갔다. 마침 휴전선 사이로 새들이 이쪽저쪽 날아다니고 있었다. 그 모습을 본 아이는

"저도 저 새처럼 집에 저기로 가고 싶어요! 저도 가고 싶어요!"

라고 말했다. 그리고 이어서 말했다.

"근데 왜 저는 저 새처럼 저기 갈 수 없는 거예요?"

어린아이의 마음이 슬프게 느껴졌다.

"나도 저 새처럼 날아서 가고 싶다."

그 아이에게 진정으로 필요한 것이 무엇일까?

새처럼 북한에 날아간다고 해도 만날 가족도 없고, 집도 없고, 아무것도 없는데, 또다시 꽃제비가 되어 떠돌아다녀야 하는데… 그 아이에게 정말 필요한 것이 무엇일까? 따뜻한 밥일까? 멋진 옷일까? 큰 집일까?

그 아이에게는 그러한 것이 필요한 게 아니었다. 그 아이에게 필요한 것은 진짜 사랑이었다. 마음으로 끌어안아 주

는 생명을 줄 수 있는 사랑! 바로 하나님 아버지! 예수님의
사랑밖에는 그 아이를 치료할 방법이 없다.

> 사람이 친구를 위하여 자기 목숨을 버리면 이보다 더 큰
> 사랑이 없나니
>
> 요 15:13

> 나는 선한 목자라 선한 목자는 양들을 위하여 목숨을 버
> 리거니와
>
> 요 10:11

나는 그 아이를 위해 생명을 버릴 수는 있을까?

북한을 보면 예레미야 애가서에서의 울부짖음이 북한의
애가로 들린다.

나에게 부어진 주님의 마음은 북한도 하나님도 준비되었
는데 남한이 준비가 안 되어있다. 사랑하는 마음이 통일의
문을 열 것이다. 북한 이주민들을 통해 우리는 통일을 미
리 경험하고 있다. 그리고 이주민들을 통해 통일이 준비되
고 있다.

하나님은 이 한반도에서 마지막 순교자를 찾고 있는지도
모른다. 그 수가 차기까지 기다리고 계시는 걸까?

백로의
천로역정

각각 그들에게 흰 두루마기를 주시며 이르시되 아직 잠
시 동안 쉬되 그들의 동무 종들과 형제들도 자기처럼 죽
임을 당하여 그 수가 차기까지 하라 하시더라

계 6:11

지금 이 순간도 북한을 비롯하여 지구 곳곳에서는 믿음
을 지키기 위해 순교하는 사람들이 있다. 성경 말씀이 이
루어지고 있다.

24

하나가 되는 길에 서다

어느 날 사역을 하고 집으로 돌아오는 길이었다. 그날따라 사역 회의에서 대화를 하고 많이 걸었던 날 밤, 문득

'나의 신체 부위 중 오늘 어느 지체가 일을 많이 했나?'

하고 생각이 들었다. 첫 번째 드는 생각은 다리였다. 그래서 물었다.

'다리야 너 고생 많았다. 힘들었지?'

그러자 문득 대화를 나누느라 수고한 입이 생각났다.

'아이고 입도 고생했네. 그리고 입은 오늘뿐만 아니라 늘 고생이 많구나!'

하고 생각이 미처 다 끝나기도 전에

'아니다! 앞을 보지 않고는 다리가 걸을 수 없는데 눈이 군소리도 없이 잠잠히 고생했구나!'

'아차! 손이 없으면 음식을 입에 넣지 못해서 말하고 걸을 힘도 없겠구나! 아니네? 숨을 쉴 수 없으면 말할 수도 없구나! 아니지! 심장이 뛰지 않으면 아무것도 할 수 없고…. 에구! 에구! 신체 부위 어떤 것도 혼자의 힘으로 하는 것은 하나도 없구나!'

그렇다. 그 누구도 혼자서는 하나님의 나라를 이루어 갈 수 없다. 토기장이 하나님이 이 사람은 이렇게 만드셨고,

저 사람은 저렇게 만드셨고, 다르지만 한 지체로 만드셨다.

그 어느 것 하나 쓸모없는 게 없었다.

> 이제 지체는 많으나 몸은 하나라 눈이 손더러 내가 너를 쓸 데가 없다 하거나 또한 머리가 발더러 내가 너를 쓸 데가 없다 하지 못하리라 그뿐 아니라 더 약하게 보이는 몸의 지체가 도리어 요긴하고 우리가 몸의 덜 귀히 여기는 그것들을 더욱 귀한 것들로 입혀 주며 우리의 아름답지 못한 지체는 더욱 아름다운 것을 얻느니라 그런즉 우리의 아름다운 지체는 그럴 필요가 없느니라 오직 하나님이 몸을 고르게 하여 부족한 지체에게 귀중함을 더하사 몸 가운데서 분쟁이 없고 오직 여러 지체가 서로 같이 돌보게 하셨느니라 만일 한 지체가 고통을 받으면 모든 지체가 함께 고통을 받고 한 지체가 영광을 얻으면 모든 지체가 함께 즐거워하느니라 너희는 그리스도의 몸이요 지체의 각 부분이라
>
> 고전 12:20-27

시편 133편 후반절을 보면

복을 명하셨으니 곧 영생이로다

라고 하신다. 그 복은 또한

형제가 연합하여 동거함

에서 나온다.

보라 형제가 연합하여 동거함이 어찌 그리 선하고 아름
다운고 머리에 있는 보배로운 기름이 수염 곧 아론의 수
염에 흘러서 그의 옷깃까지 내림 같고 헐몬의 이슬이 시
온의 산들에 내림 같도다 거기서 여호와께서 복을 명령
하셨나니 곧 영생이로다

시 133:1-3

한국 사람이 그토록 좋아하는 복은 형제와의 연합에서
부터 나온다. 그 연합은 머리에 있는 '보배로운 기름이 아
론의 수염에서부터 그 옷깃까지 내린 것과 같다' 고 하신
다. 성경 속 수많은 사람들 중에 왜 하필 아론일까?

아론은 최초의 제사장이다. 제사를 드릴 때 기름을 가장
많이 만졌다고 해도 과언이 아닐 것이다. 하나님과 사람 사
이에서 짐승의 피를 흘려 기름을 태우고 바르고 죄를 씻으
며 하나님과 백성 사이를 화목하게 하는 역할을 담당했던
아론, 그는 또한 백성을 애굽에서 이끌어내어 가나안으로
들어가도록 하기 위한, 곧 구원하기 위한 모세의 형제이다.
하나님으로부터 기름 부음 받은 모세가 하나님의 명령을
받아 아론에게 기름을 발라 제사장을 삼는다.

182

그때 기름이 모세의 형제 아론의 수염에 흘러내리는 것
이다. 하나님 안에서 모세와 아론이란 형제가 연합하여 백
성들에게 복, 곧 영생을 흘려보내시는 하나님의 마음을 시
편 기자는 133편에 담았다.

이처럼 개인 차원의 교회로부터 열방의 모든 교회가 예수
그리스도로 말미암아 하나의 형제로 연합할 때 하나님이 명
하신 복! 곧 영생이 흘러가 주님의 뜻을 이루는 것이다.

그리고 기름에 대해서 마태복음 25장에 열 처녀의 비유
에 잘 나와 있다. 슬기로운 처녀와 미련한 처녀의 차이가
무엇일까? 둘 다 등을 가졌고 둘 다 신랑이 더디 오므로 잠
을 잤다. 그러나 그 기름을 준비한 슬기로운 다섯 처녀만
신랑을 만났다. 시편 133편 2절을 토대로 풀어보면 그 기
름은 신랑 되신 예수님이 다시 오실 때 가져야 할 예수 생
명으로 연합된 형제의 기름 부음인 것이다. 열방이 연합된
하나의 교회이고 신랑 되신 예수님이 한 분이요. 열방이 하
나 된 신부가 될 때 주님이 다시 오셔서 혼인 잔치를 할 것

백로의
천로역정

이다.

요한복음 17장에 예수님이 십자가에 오르기 전에 기도하신 것처럼 하나님! 예수님! 성령님이 완전하고 온전한 하나이듯이 우리 또한 연합되길 원하신다. 하나님은 없이 인간으로 오신 예수님만 믿을 수 없고 창조주 하나님은 믿고 성령의 역사와 능력은 경험하고 믿지만, 육신으로 오신 예수님을 믿지 못한다면 이 또한 잘못된 것이며 전지전능하신 하나님도 믿고 예수님도 만났다 하나 성령의 능력과 역사를 인정하지 않는 것 또한 온전한 믿음이라 할 수 없다. 하나님의 임재 가운데 예수님의 삶을 따라 성령의 내주하심으로 이끌림받으며 살아가야 함을 알게 된다.

> 아버지여, 아버지께서 내 안에, 내가 아버지 안에 있는 것 같이 그들도 다 하나가 되어 우리 안에 있게 하사 세상으로 아버지께서 나를 보내신 것을 믿게 하옵소서 내게 주신 영광을 내가 그들에게 주었사오니 이는 우리가 하나가 된 것 같이 그들도 하나가 되게 하려 함이니이다
>
> 요 17:21, 22

성부, 성자, 성령의 하나 됨을 실질적으로는 이해하기 힘들었다. 인간관계에서 가장 가까운 부부도 하나가 되지 못하기 때문이다.

그러나 이 연합에 대해 두려워 떠는 존재가 있다. 오해하고 분열시켜 연합되지 못하게 하는 사단이다.

연합이 시작되면 공동체 안에 옆 사람의 아픔이 곧 나의 아픔이고 옆 사람의 문제가 나의 문제인 것이다. 천국은 개인의 믿음으로 가지만 가는 길은 함께 가야 한다. 아무리 능력 있어도 독불장군으로는 할 수 없다.

각각 다르게 그러나 서로 필요하게 만드셨다.

> 타조는 즐거이 날개를 치나 학의 깃털과 날개 같겠느냐 그것이 알을 땅에 버려두어 흙에서 더워지게 하고 발에 깨어질 것이나 들짐승에게 밟힐 것을 생각하지 아니하고 그 새끼에게 모질게 대함이 제 새끼가 아닌 것처럼 하며 그 고생한 것이 헛되게 될지라도 두려워하지 아니하나니 이는 하나님이 지혜를 베풀지 아니하셨고 총명을 주지 아니함이라
>
> 욥 39:13-17

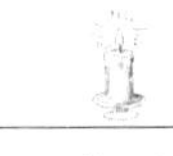

그 사람의 열심과 성향이 믿음은 아니다.

능력 있는 사람이란 다른 것이 아니라 연합하는 사람이라 생각된다. 그리고 연합할 때 필요한 도구인 사랑이 그 사람의 영성이라 말하고 싶다.

어느 날이었다. 기도회가 있어 교회에 많은 성도들이 모

였다. 우리는 기도를 할 때면 함께 찬양하고 말씀 보고 기도제목 나누고 주여! 삼창하고 각자 원하는 자리에서 1시간이든 3시간이든 시간제한 없이 계속 기도를 한다. 중간에 끊지 않는다.

그러나 그날의 기도회는 달랐다. 기도 제목을 나누고 함께 기도하고 함께 멈추고 다른 기도 제목 나누고 함께 기도하고 멈추고 그렇게 했다. 그러다 예상치 않은 일이 생겼다. 질병이 있는 나를 위해 앞으로 나와 함께 기도하자는 것이었다. 청소년들과 어르신들 할 것 없이 모두 내가 있는 곳으로 나와서 나의 팔다리를 붙잡고 앞사람의 등에 손을 대고 하나로 연결되어 울며 기도하기 시작했다. 그렇게 뜨겁게 진심으로 전 교인이 날 위해 기도해주는 모습은 20년 동안 처음 경험한 듯했다. 지체들의 마음이 내 마음속으로 들어왔다. 그리고 나도 한없이 울었다.

그런데 내 마음은 너무 기뻤다. 그리고 내 안에서
'바로 이거란다. 바로 이렇게 교회가 하나 될 때 교회가 회복된단다. 신랑 된 예수님이 한 분이듯이 교회도 하나 된 신부가 돼야 한단다.'
라는 생각이 들었다.

25

이 땅에
마지막 주자의
길을 보다

창공을 나는 독수리를 보았다. 언제부터 올랐는지 어디에서부터 날아왔는지는 알 수 없었다. 도시 하늘 가운데 독수리 한 마리가 날아와 내가 서있는 곳에서 한참을 날아다녔다.

'저렇게 큰 덩치에 잘도 난다'

생각하며 한참을 바라보는데 몇 분이 지나도록 그 큰 덩치에 독수리는 날갯짓을 하지 않고도 창공을 높이 날고 있었다. 놀란 눈을 동그랗게 뜨고 더욱 유심히 독수리를 보았다. 내가 보는 동안 날갯짓을 한 번도 하지 않았다. 그저 바람을 타고 날고 있었고 균형을 잡아 방향 조정만 하면 원하는 곳으로 날아다녔다. 독수리가 분명 창공에서 날고 있는데 날지 않았다.

'저렇게 쉽게 날 수 있는 걸까?'

감탄하고 있을 때 나의 내면에서

'그래 쉽게 날 수 있지! 바둥거리며 공중으로 차오르기 위한 시기가 지나고 나면 그럴 수 있지! 너도 이제 나와 함께 날자. 그리고 그 날을 함께 보자!'

날지 않았지만 날 수 있는 독수리처럼, 그래서 내가 하는 것이 아니라 성령으로 말미암아 되는 것을 알 수 있었다.

내가 곧 교회이고 내가 곧 열방이라는 것과, 독수리를 통해 성령의 바람을 타고 유유히 하늘을 나는 한반도의 사명을 보게 되었다.

> 내가 동방에서 독수리를 부르며 먼 나라에서 나의 모략
> 을 이룰 사람을 부를 것이라 내가 말하였은즉 정녕 이룰
> 것이요 경영하였은즉 정녕 행하리라
>
> 사 46:11

그리고 세계지도를 보면서 동방의 끝이 어디인지 보았다. 이스라엘을 중심으로 동쪽 끝을 보면 한국, 중국, 일본이 이스라엘과 위도가 같았다. 한국은 제주도가 같고 일본도 지도의 끝자락이 같고 중국은 상해 쪽이 같다. 한·중·일이 동방의 끝이라는 걸 알았다.

기도하는 가운데 인본주의와 사회주의가 곧 공산주의라는 것을 알게 되었다. 그리고 이 모든 것이 혼미한 영으로 사로잡힌 자기중심적인 사고에서 나오는 '자아'라는 것을 알게 된다.

나를 위해 사는 것, 느끼려 하고, 체험하려고 하는 것! 하나님도 눈으로 직접 봐야 믿겠다고 하고 예수님을 그렇게 원하는 것은 다른 미신 종교와 다를 바 없는 사단도 믿

백로의
천로역정

고 있는 잡종 믿음이었다.

그런데 이러한 자가 바로 나이며 한국 교회이고, 100여 년 전에 이미 복음을 받았지만 타락한 열방의 교회들임을 알게 된다.

성경에 나온 사도들을 비롯하여 많은 국가는 안전함이 아닌 환란과 핍박을 통해 희생을 치르며, 열방에 이 복음을 전파했다.

전 유럽과 태평양을 건너 미국과 중국, 그리고 이 땅 한 반도까지 복음이 전해졌다. 많은 믿음의 선진들의 피 덕분에 복음은 이렇게 나에게까지 흘러왔다. 그리고 하나님이 택한 민족, 하나님의 가슴으로 낳은 땅, 하나님의 눈동자라고 말씀하시는 지구의 중심 이스라엘!

> 여호와께서 그를 황무지에서, 짐승이 부르짖는 광야에서 만나시고 호위하시며 보호하시며 자기의 눈동자 같이 지키셨도다
>
> 신 32:10

> 만군의 여호와께서 이같이 말씀하시되 영광을 위하여 나를 너희를 노략한 여러 나라로 보내셨나니 너희를 범하는 자는 그의 눈동자를 범하는 것이라
>
> 슥 2:8

또한 유대인들이 스스로 십자가를 지시는 예수님의 피
값을 자기들에게 돌리라고 한 말씀을 이루신 하나님!

그래서 말씀대로 유대인들은 홀로코스트를 비롯하여 수
많은 대학살과 고난을 겪었다.

복음의 시작점인 이스라엘이 오히려 기독교라면 치를 떨
며 예수를 강력하게 거부하는 이유는 여기에 있다.

바로 수많은 기독교인들이 예수님의 사랑과는 상관없이
인본적인 방법으로 십자가를 이용해서 땅을 정복하고 권력
을 행세하기 위해 유대인을 죽이고 파괴했기 때문이다. 그
것은 십자군 원정과 독일 나치들의 혹독한 학살들을 통해
잘 드러난다.

하지만 하나님은 택한 민족을 결코 버리지 않으셨다.

그러므로 내가 말하노니 하나님이 자기 백성을 버리셨
느냐 그럴 수 없느니라 나도 이스라엘인이요 아브라함의

씨에서 난 자요 베냐민 지파라 하나님이 그 미리 아신 자
기 백성을 버리지 아니하셨나니 너희가 성경이 엘리야를
가리켜 말한 것을 알지 못하느냐 그가 이스라엘을 하나
님께 고발하되

롬 11:1, 2

이러한 것은 하나님의 모든 계획 속에 있었다. 그들이 기
다리고 기다리는 메시아가 바로 자신의 땅에서 나신 '예수'
임에도 불구하고 눈이 가려져 알지 못하고 볼 수 없게 만드
신 이유는 또한 하나님이 이방 민족인 우리를 구원하기 위
한 것이며 인류를 구원하기 위함이었다.

네가 원 돌감람나무에서 찍힘을 받고 본성을 거스려 좋
은 감람나무에 접붙임을 얻었은즉 원 가지인 이 사람들
이야 얼마나 더 자기 감람나무에 접붙이심을 얻으랴 형
제들아 너희가 스스로 지혜 있다 함을 면키 위하여 이 비
밀을 너희가 모르기를 내가 원치 아니하노니 이 비밀은
이방인의 충만한 수가 들어오기까지 이스라엘의 더러는
완악하게 된 것이라

롬 11:24, 25

예수 그리스도의 십자가의 피로 충분한데 이스라엘 민족
에게 죽음과 고난을 주시면서까지 이방족속인 우리를 부
르시는 하나님의 마음을 볼 수 있다.

이방인 때문에 나라를 잃고 흩어져있는 이스라엘은 말씀 대로 마지막 날인 이때에 한 사람도 빠짐없이 본토로 돌아오고 하나님과의 관계가 회복될 것이다.

> 전에는 내가 그들이 사로잡혀 여러 나라에 이르게 하였
> 거니와 후에는 내가 그들을 모아 고국 땅으로 돌아오게
> 하고 그 한 사람도 이방에 남기지 아니하리니 그들이 내
> 가 여호와 자기들의 하나님인 줄을 알리라
>
> 겔 39:28

하나님은 온 땅에 복음을 전하기 위해 그 시기와 때마다 사람을 부르시고 준비시키셨다. 하나님 당신이 직접 마음을 부으시고 준비하게 하셨다. 그리고 때가 차매 인도복음화를 위해 윌리엄 캐리에게 마음을 부으시고 함께 전진하셨고 허드슨 테일러에게 중국에 대한 마음을 부으시고 그 땅으로 부르셨다.

이제는 동방이 연합하여 복음으로 세워진 대한민국이 전진할 때이다. 한반도가 거룩한 나라로 하나 되어 이스라엘을 회복하시는 하나님의 선교에 동참해야 한다. 한반도의 국가적 수난 또한 의미가 있다. 아픔을 맛본 자가 그 아픔을 위로할 수 있듯이, 한반도는 상처받은 이스라엘을 치유

하며 행진해야 할 사명이 있다.

이 마지막 주자로 부름받은 우리는 결코 혼자 할 수 없고 한·중·일이 한 지체로 연합해야 한다. 그리고 한국의 다음 세대들 또한 동참할 마지막 주자들이라는 것을 알 수 있다.

이스라엘과 팔레스타인 선교 중에 헤브론 회당에서 양각 나팔을 부는 유대인을 보았다. 그의 바지 자락을 붙잡고 울부짖고 싶었다.

이들의 눈을 열어달라고, 그런데 기도를 다 드리기도 전에 주님은

'이방인의 수가 다 차기까지'

그들의 눈이 가려졌음을 생각나게 하시면서 또다시 그 말씀이 내 머릿속에 다 지나가기도 전에

'그 이방 민족이 누구냐?'

라는 질문을 하셨다.

그 이방인은 바로 나였고 우리 민족이며 북한이었다.

전 세계에서 기독교 박해 순위 일위인 나라! 세상과 단절되어 있는 북한의 이방 민족의 수가 차야 하며 북한이 열려야 이스라엘의 가려진 눈이 열리게 될 것이다.

개인의 부르심이 있고 나라마다 부르심이 있다.

그래서 우리의 부르심 속에는 북한이 열려야 한다. 영의
눈이 열리고 땅이 열리고 그 열림은 이스라엘의 열림이 될
것이다. 그러기 위해서는 한국 교회가 인본주의적인 세상
가치관이 아닌 예수 그리스도가 교회의 머리 됨이 회복되
어야 한다. 교회의 현실과 똑같이 맞물려 갈 수밖에 없는
가정들 또한 남편의 머리 됨이 회복되어야 한다. 이 비밀이
크다.

> 이는 남편이 아내의 머리 됨이 그리스도께서 교회의 머리
> 됨과 같음이니 그가 바로 몸의 구주시니라. 이 비밀이 크
> 도다 나는 그리스도와 교회에 대하여 말하노라
>
> 엡 5:23, 32

교회가 회복돼야 가정이 회복되며 가정이 회복돼야 교회
가 회복돼고 한국 교회가 회복돼야 한반도가 회복되고 이
스라엘이 회복되면 기다리던 주님을 맞이하게 될 것이다.
열방이 하나로 연결되어 있다.

많은 믿음의 선진들이 히브리서 11장 36, 37절에 적힌 대
로 고난을 받았다.

또 어떤 이들은 희롱과 채찍질뿐 아니라 결박과 옥에 갇
히는 시험도 받았으며 돌로 치는 것과 톱으로 켜는 것과
시험과 칼에 죽는 것을 당하고 양과 염소의 가죽을 입고
유리하여 궁핍과 환난과 학대를 받았으니

그리고 그들은 38절 말씀대로 피난을 다녔다.

이런 사람은 세상이 감당치 못하도다 저희가 광야와 산
중과 암혈과 토굴에 유리하였느니라

목숨을 아끼지 않고 하나님의 말씀에 순종하며 어떠한
고난도 담당한 이들! 우리는 발뒤꿈치도 따라갈 수 없는
이들을 향해 39절에 이렇게 말씀하신다.

이 사람들이 다 믿음으로 말미암아 증거를 받았으나 약
속을 받지 못하였으니

우리 예상과는 달리 약속을 받지 못했다니 이게 말이 되
는가, 그러다가 40절에 보니 이 말도 안 되는 일에 대한 이
유가 적혀 있다.

이는 하나님이 우리를 위하여 더 좋은 것을 예비하셨은
즉 우리가 아니면 저희로 온전함을 이루지 못하게 하려
하심이니라

"우리가 아니면 온전함을 이루지 못하게 하려 하심이니라."

"우리가 아니면…."

"이방인의 수가 다 차기까지."

땅끝까지 복음을 전하는 마지막 선교사! 마지막 순교자! 예수님 오실 길을 예비하는 자! 마지막 날에 마지막 주자로 부르신 우리가 아니면…. 그 많은 선진들의 믿음의 걸음이 온전하지 않다고 말씀하신다. 말로도 글로도 표현할 수 없는 엄청난 시대에 부르심을 받은 나는 곧 우리는 축복의 사람이며 마지막 사명자다.

하나님과의 친밀함 속으로 들어가 나의 열심이 아닌 하나님의 열정으로 새벽이슬이 온 땅을 적셔 자신의 존재가 사라지기까지 생명을 공급하는 것처럼 자신을 내어드리는 자들을 부르시고 하나님의 마음으로 열방을 향해 나아갈 때 선교하시는 하나님의 영광을 보게 될 것이다.

이전보다 더 큰 영광을 기대한다.

하늘로부터 내리는 이슬(白露)! 깨끗하고 영롱한 거룩한 신부를 하나님의 군대로 부르시고 이른 비와 늦은 비의 영광으로 온 열방을 적시며 주님 다시 오실 길을 예비할 마지막 주자를 일으키신다.

주의 권능의 날에 주의 백성이 거룩한 옷을 입고 즐거이
헌신하니 새벽이슬 같은 주의 청년들이 주께 나오는도다

시 110:3

온 땅을 적실 끝 날의 영광은 그다지 길지 않을 것이다.
아주 순간이고 급속도로 일어날 것이다. 주님이 친히 다시
오실 길을 각 열방 가운데 이미 일해 놓으셨기 때문이다.

오직 성령이 너희에게 임하시면 너희가 권능을 받고 예루
살렘과 온 유대와 사마리아와 땅끝까지 이르러 내 증인
이 되리라 하시니라

행 1:8

그러나 끝까지 견디는 자는 구원을 얻으리라. 이 천국 복
음이 모든 민족에게 증거 되기 위하여 온 세상에 전파되
리니 그제야 끝이 오리라

마 24:13, 14

마라나타!